腰带、咖啡
和绵羊

# 身边的世界简史

[日]宫崎正胜 —— 著

吴小米 —— 译

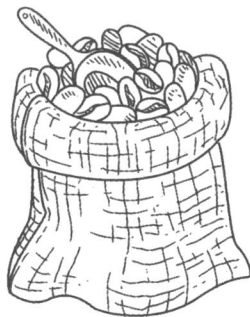

ZHEJIANG UNIVERSITY PRESS
浙江大学出版社

# 前　言

## ♯教科书上学不到的"生活"的历史

举个最简单的例子吧,你每天都很自然地在使用的东西:腰带。

男性需要穿西装的话,腰带是不可或缺的配饰;女性在搭配造型的时候也会经常用到它。

但是你知道腰带的起源和历史吗?

每一件小东西,都有它成长和变化的过程。

腰带这种东西,原本和西装没有任何关系,和时尚界也没有任何关联。

　　它原本只是游牧民族为了提高生活效率而使用的一种小工具。在这种小工具的帮助下，游牧民族在马上征服了广袤的土地，建立起了庞大的蒙古帝国。我们可以想象一下策马疾驰的成吉思汗腰间的绑带，那就是腰带的原型。

　　在本书中，我们会具体论述这些我们身边随处可见的小东西，其背后都有着怎样宏大的历史故事。

　　教科书中所记录的历史，充其量就是展现事件的连续进程。

　　我们在学校中所能学到的历史，虽说壮大且充满戏剧性，但至多也就是展现了一幅抽象的画卷。

　　我们学到的历史都离我们的生活太过遥远，这也就是我们对历史产生疑问的原因所在。

　　只是靠教科书，就要我们理解人类的社会、历史，自然是一项不可能完成的任务。

　　我们的生活，其实是靠着和各种物品的联系而存在的。

　　因此我也开始想，是不是可以把关注点放在这些小东西上，换个角度来阐述历史。

　　知道了这些小东西的"履历"，就可以将我们的生活从过去一直联系到现在。

著名的法国哲学家柏格森曾提出,人类的定义就是"有创造力的生命"。

人类在漫长的进化史中,一直没有停止过对自然界的观察,并将自己的生活一步一步与自然相结合。通过创建一个"物品"的体系,来建立社会和生活。

现在我们身边的"物品"体系,虽然说一眼看过去貌似很复杂,但是只要简单区分,就可以非常容易地分成"衣""食""住""行""流通""交往""娱乐"这几个部分。而我们的生活,其复杂程度也不会超越这些范畴。用这样的角度来看每天24小时的生活,其实是非常有趣的。

物品与物品之间会产生强大的关联,这种关联的全部,我们称之为"生活"。

## ♯物品持续累加,就形成了整个世界的历史

物质的世界,正是通过不同地域中出现的物品的不停组合变

化和互相影响而形成的。

想想看，从都市革命到大航海时代，从工业革命到电力的出现，乃至现在的电话机、录音机、电视机、电脑等物品的出现，其实就是一个相对简单的物质世界一步步复杂化的过程。

一旦出现了一件可以影响到广阔领域的物品，自然而然地，其影响范围内的物品也会出现相应的变化。它们互相关联产生新的物品关系，从而改变文明的面貌。过去的蒸汽机、电力的出现是这样，现在电脑的出现也是这样。

当然，物品本身也有相应的"保质期"，像黑胶唱片和无声电影那样，静静地消失在历史中的物品也不在少数。

在我们的日常生活中，有几件物品形成了"核心"，其他物品以不同的方式围绕在这个核心周围，从而组成复杂的社会结构。

正因为如此，我们通过解开物品之间联系的"绳结"，找到其源头所在，就能找到现代生活与过去的连接点，从而更深层地了解现在的生活。

"物品"中都暗含着社会的"内涵"和"外延"。

既有像谷物这种直接支撑日常生活的物品，也有像货币这种担当着"物品交换券"职责、维护社会运行秩序的物品。

此外,还有像奢侈品这一类用来彰显地位的物品。

社会进化得越复杂,物品的分类就会越细,而随着文明的进步,新的交流也会制造出越来越多的新物品。

## ♯越来越大的世界空间和物品的诞生

人类历史的主舞台是按以下五个维度依次展开的:

1. 大江大河;

2. 大草原;

3. 海洋;

4. 工业城市;

5. 地球。

首先是孕育出农耕文明的"大江大河"。四大文明都是在这样的江河流域诞生的,人类历史上巨大的帝国也都存在于这类流域的富饶地带。

其次,随着欧亚大陆"大草原"上游牧民族的扩张,文明社会的范围一步步扩大。来自阿拉伯沙漠的阿拉伯人，来自中亚哈萨克草原的土耳其人，来自蒙古高原的蒙古人，依次建立过庞大的哈里发帝国、奥斯曼帝国、蒙古帝国，对世界范围内物品的交流起了巨大的推动作用。

然后是第三个维度"海洋"。以大西洋为中心的"大航海时代"将欧洲、亚洲、非洲、美洲连成了一个整体。特别是美洲成为"第二个欧洲"之后，极大地促进了欧洲的经济发展。17、18世纪，以制糖业为中心，资本主义经济开始蓬勃发展。

而随着工业革命的兴起，第四个维度"工业城市"开始成为巨大的生产车间，权力和财富源源不断向城市集中。

"大城市爆炸"这个词非常贴切地形容了城市规模的持续膨胀，海量的食物和工业原料通过铁路和蒸汽轮船组成的交通网，源源不断地运往城市。

于是手握力量的欧洲，在19世纪陆续将亚洲和非洲侵占为自己的殖民地，以前所未有的"地球"规模对人类社会进行"改造"。而亚非人民为了维护自己的生活体系，也进行了殊死反抗。

# 前言

进入 20 世纪,欧洲由于两次世界大战开始衰弱,美利坚合众国开始兴起,原本的殖民体系开始全面崩溃。

作为移民国家的美国,极大程度上推动了全球化的进程。美元作为世界通行货币,将全球构建为一个统一的经济组织;汽车、喷气式飞机、黄金产业链、高新科技等组合又让全球化的脚步进一步加快。

如今,第五个维度"地球"终于登场。

这样看下来,

1. 在"大江大河"流域,构建起人类社会的基盘;

2. 以"大草原"为中心,以"马"为标志形成社会版图;

3. "海洋"时代,帆船绘出世界版图;

4. "工业城市",由铁路、轮船构建社会网络;

5. 电波搭建"地球"范围的虚拟网络。

在每个维度间,人类社会都经历了翻天覆地的变化。

如果不是空间的变化和物品的发展完美结合,世界史的走向不会是现在这个样子。我们现在的社会,也只是这两者结合的可能性中,一次非常偶然的选择的结果。

## ♯ 推动时代进程的物品

同样的一件物品，有时候因为用法不同，会呈现出完全不同的面貌。就算是最平常普通的一件小东西，在特定的历史条件下，也可能成为改变世界的钥匙。

比如阿拉伯沙漠中的骆驼，在阿拉伯人扩张土地的过程中起到了非常重要的作用，是哈里发帝国建立的原动力之一。

还有个头矮小，看起来一点都不起眼的蒙古马，实际上却在蒙古军队征服欧亚大陆的战争中起到了非常重要的作用。

此外，比游艇大不了多少的三角帆船开创了"大航海时代"；原本是用来给矿场排水、效能低下的蒸汽机，被瓦特改造后竟引发了第一次工业革命……

每件物品都有其命运，而赋予它命运的正是人类和时代。

## ♯ 物品改变社会的几种模式

通过物品来改变社会，有以下几种模式。

模式一：一件物品在广泛的地区被普遍传播，影响众多人的生活。美洲大陆上的玉米、土豆、番薯、番茄、辣椒等作物在欧亚大陆上引发的生活方式剧变，就是这一模式的突出代表。

模式二：社会剧变需要新事物，于是一批新物品应运而生。工业革命带来全球规模的城市拥挤，与之相应，人们的生活方式也发生了翻天覆地的变化，而许多新物品就诞生在这样的变化中。

模式三：关键物品的诞生，催生出一个全新的物品体系。蒸汽机、发电机、电脑、互联网等关键物品诞生，以其为中心辐射出一个个新的物品体系。

文化和文明通过不断地产生新物品及吸收新物品而获得成长，这种成长的实现方式就是物品体系及秩序的变化。

在本书中，我们可能不会经常提及那些在历史进程中发挥过重要作用的伟人，也会尽量少地提及年号这种标记性的概念。

这样做的目的只有一个：让读者觉得世界史是发生在身边的、很容易理解的东西。

那些通过正规历史文献无法窥得其貌的东西，却实实在在地创造了我们的生活——这就是本书想传达的，一个不同的看待历史的角度。

# 目录

第三章

# 海洋——新大陆的开发与资本主义经济的发展

第四章

# 工业城市——工业革命带来的历史大变动

第五章

# 地球世界——正在进行中的全球化

# 诞生在大河流域的物品——社会轮廓的形成

## *历史的大走向——从农业集落走向城市、帝国

第一章

人类最初创造出的物品,不用多说,肯定都是利用自己周边的"自然",根据不同地域的气候、地形、植被、动物来创造的。

约1万年前,最后的冰河期结束,北纬30°地域附近气候干燥加剧,食物短缺愈发严重,农业和畜牧业开始向更广阔的地区发展。约5000年前,直至欧亚大陆西南部的沙漠周边,大河流域的人们通过修筑堤防、营建水利、促进灌溉,开垦出了广袤的农田,从而导致了人口密集地区的出现。而位于灌溉系统中心位置的,就是"城市"。

城市包括其中心部分,以及为城市供应食物的道路、水路和居民之间的联系网。

城市出现之后，文化变得更加广域和复杂，最终形成了文明。尼罗河、底格里斯河与幼发拉底河、印度河这三大流域的小麦文明，以及黄河流域的粟米文明，共同形成了我们所知的人类四大文明。

在城市中诞生的"文字""历法""货币""法律"，通过交易扩散到周边地区。而农耕社会、畜牧社会、狩猎采集社会的物品也通过交易进入城市，丰富了物品体系。那些随着城市扩大而越来越发达的道路和水路交通网，又将更多地区联系在了一起。

草原的牧民们通过交易获得紧缺的谷物，农耕地区的人们则获得家畜、动物毛皮、乳制品等。畜牧民族和农耕民族间产生了互通有无的交易关系，而这种交易关系又进一步催生了货币和文字。

牧民们一般都分散居住在草原上，每户人家间隔 10 公里左右。为了管理大量的山羊和绵羊，牧民们不得不利用马进行放牧。而马就成了之后强大帝国诞生的基础。

3500 年前，随着游牧民族发明了由马牵引的简易二轮战车，

## 诞生在大河流域的物品

### 第一章

人类战争的规模迅速扩大。通过征服战争,波斯的阿契美尼德王朝、印度的孔雀王朝、中国的秦汉帝国、罗马帝国这样的庞大帝国开始出现。而帝国中,统一的语言、文字、法律、宗教、生活方式等各个领域的物品开始向更广大的区域普及,对各个区域文明圈的形成起到了巨大的作用。

# 一、水道和堤防——作为人类发明中心的城市的出现

## ♯ 从对"水"的管理中诞生的城市

人类的历史,其实就是城市成长的历史。

现在,地球上人口在 100 万以上的大城市有约 500 座,人口在 1000 万以上的超级城市也有 30 余座。城市的出现,要追溯到约 5000 年前;但城市的诞生,其实是一件非常神秘的事情。

城市的兴起,其实都是源自水的力量。

地球上的半数以上区域,都是年降水量在 500 毫米以下的干

燥地带。

埃及和美索不达米亚由于地处沙漠,年降水量在 100 毫米以下。在这种干燥缺水的环境中,要获取足够的水来保证作物生长是非常困难的。建设基础灌溉设施,人工养成适合作物生长的农田,就变成一件必要的事情。

在这种情况下,不得不靠巨大的人力将河川中的水尽可能多地引入人工灌溉系统。

位于这种大型水利工程中心的,就是手握水利技术、自然知识、宗教权威的人们(王族、神官、官僚)居住的场所——城市。而城市的日常运转,则靠各个部落以租税形式缴纳的谷物来维持。

城市形成后,相应的治安维持、宗教、贸易等机能也渐渐充实起来。从这个角度出发,也有学者认为城市的起源不是水源灌溉,而是信仰、军事、贸易。

## ♯在土耳其和约旦出现的人类最早的城市

人类最早的城市究竟出现在哪里？对于这个问题,相信大家都抱有兴趣吧。

至今为止人们发现的最古老的城市遗迹,是公元前 7000 年前后土耳其的沙塔尔·休于遗址和巴勒斯坦的杰里科遗址。

沙塔尔·休于遗址中,用晒干后的泥瓦搭建的房屋像蜂巢一样互相连接,人们通过屋顶出入房屋,城市中还有装饰着牛头的神殿。据推测,当年有 1000 户约 5000 人居住在这座城市里。

这座城市的土地上有简单的灌溉设施,种有小麦,也有饲养牛的痕迹。

800 年后,这座城市才被人们废弃。

而位于约旦河西岸的杰里科遗址,是位于海平面以下的城市遗址。这座由在海平面以下 240 米处建立的屏障围绕而成的城市,就是靠着小规模淡水灌溉系统支撑起来的。

后来,随着小麦种植技术的普及,城市开始在各地陆续出现,而贸易和战争又让城市之间的联系越来越紧密。美索不达米亚流域建立了联盟城邦,埃及尼罗河流域的城市更是形成了由法老统一治理的体系。

## ♯ 将统治与服从固定化的城邦

为了确保粮食供应,城市中以官僚、军队、神官为主体的各个组织会采取一些措施,如确立法律、通过宗教将自我神圣化、征收租税等。这样,城市和周边地区之间的统治与服从关系慢慢固定下来,城邦逐渐成形。

这种伴随着城市形成而发生的社会变动,发生在距今 5000 年前后,著名的考古学者柴尔德①将其称为"城市革命"。

正是"城市"这个容器,为现代社会复杂的社会组织与繁杂物品的相互结合提供了一个基本的平台。

---

① 戈登·柴尔德(Childe, Vere Gordon, 1892—1957 年),澳裔英籍考古学家,曾任伦敦大学考古学院院长、爱丁堡大学教授和不列颠学院院士。他先后提出"新石器革命"(食物生产的革命)和"城市革命"概念,为日后农耕、家畜饲养和文明起源问题的研究奠定了理论基础。他被公认为 20 世纪前期最有成就的史前考古学家。

## 二、历法——时间推动人类

### ♯大规模农业社会所必需的共通的时间轴

在最初的狩猎和采集社会里,人类根据季节的不同从自然界获取不同的食物。在这一阶段,"季节感"这个最基本的时间感觉是必需的,大自然的微妙变化成为狩猎和采集社会先民的行动时间表。但在这个阶段,"历法"并不存在。

灌溉农业诞生后,因为在干燥地带要通过大自然自身的变化来准确预知河流的汛期是非常困难的,人类对历法的需求就产生了。而从人类代代积累的经验终于落实变成"历法"的那一天起，农业才开始进入顺畅发展的轨道。

特别是在大规模灌溉普及后建立的农业社会中，为了获得全社会同步的农耕节奏，历法是不可或缺的工具。

因为在某些没有明显四季划分的干燥地带，如果没有历法来作为一个时间的标杆，那么灌溉系统就无法准确运作，人们也就无法高效率地进行农耕活动。

在那个时代，估算季节、将信息传达给国民、让农业生产顺利进行，成为国王和神官们基本的工作内容。

现在我们已经习惯于用钟表来准确计算时间，但是从历史的维度看，钟表的诞生不过是不久前发生的事情。机械钟表在欧洲登场是在 13 世纪后期，摆钟的发明是在 17 世纪，而座钟和手表则要到 18、19 世纪才正式出现。

## ♯ 通过月亮计时的局限

时间是没有形体的存在。为了划分无形的时间，我们只能利

✿ 诞生在大河流域的物品 ✿

第一章

用地球的自转和公转，以及地球、太阳、月亮三者位置关系的变化。一天就是地球自转一周所需要的时间，一年（365 天 5 小时 48 分）是地球围绕太阳公转一周所需要的时间。

人类之所以会发现这种天体运转的规律，其契机就是发现了月亮规律性的圆缺变化。谁都可以直观地看到有圆缺变化的月亮，它就是天空中一座巨大的时钟。

从一次满月到下一次满月，也就是月球绕着地球运行一周的时间（一太阴月①），约为 29.53 天。在美索不达米亚，一年被分为 12 个太阴月，每月 30 天。为更好地配合太阳运转周期，在必要的时候加入闰月，这种历法被称为"太阴太阳历"②。

太阴历是以月亮圆缺变化为基准的历法，其优点就是易于观测。但月亮的变化是周期性重复的，所以太阴历无法用来计算季节变化，从而指导农业生产活动。

为了有效指导农业生产，人们必须在太阴历之外导入另一套理论，以合理说明太阴历与季节变化的关系。

---

① 亦称"朔望月"。
② 英文名为 lunisolar calendar，亦被称为"阴阳历"。

在使用太阴历的古希腊，公元前 432 年，出现了一位叫作默冬[①]的人，他证明了 235 个太阴月等于 19 个太阳年。因此设定了每 19 年 7 次闰月的"默冬周期"，将太阳历和太阴历成功地结合在了一起。

与此不同的是，伊斯兰世界通行的伊斯兰教历是纯粹根据月亮的圆缺而制定的历法，它设定每一年为 12 个月，共 354 天，但作为调整，每 30 年会有 11 次 355 天的闰年。

在伊斯兰各国，人们现在仍然将伊斯兰教历与各地历法结合使用。

## ♯ 各地使用的各种古代历法

在古埃及，人们根据尼罗河涨潮的规律总结出了太阳的运转规律（地球的公转规律），制定了以太阳年（1 年等于 365.2422 天）为基础的太阳历。

---

① 默冬，原名 Meton，古希腊雅典人，天文学家，在公元前 432 年的奥林匹克运动会上宣布发现"默冬周期"。

✦ 诞生在大河流域的物品 ✦

第一章

公元前 45 年,罗马的尤利乌斯·恺撒①在埃及历法的基础上增加了 4 年一次的闰年制,提高了埃及历法的精确性。

到了 16 世纪,罗马教皇格里高利十三世采用了 1582 年制定的更精确的格里高利历②,该历法被一直沿用至今。

格里高利历将耶稣诞生年定为历法开始的年份,也将西历的公元元年概念(A.D.,拉丁语为 Anno Domini,意为主之年)推广到了全世界。

在中国,从殷商时代开始,人们认为天空中有十个太阳,这十个太阳轮流升上天空,被称为"十干"。因此,人们将十天作为一组,称为一"旬"。每十天,被认为是人间神明的王都会燃烧兽骨,根据上面的裂纹来占卜下一"旬"的吉凶。用来刻录这些占卜结果的文字,就是汉字的雏形——甲骨文。我们现在常说的上旬、下旬,其实都是古老的时间单位。

_____

① 尤利乌斯·恺撒,全名盖乌斯·尤利乌斯·恺撒(Gaius Julius Caesar,前 102—前 44 年),史称恺撒大帝。罗马共和国(今地中海沿岸等地区)末期杰出的军事统帅、政治家,罗马帝国的奠基者。
② 即现今我们使用的公历、阳历。

在"十干"的基础上，将西亚传来的黄道十二等分为"十二支"，二者组合就成了"干支"，再在干支的基础上组合进冬至、春分等二十四节气，就形成了中国古代独特的历法。这就是现在不仅中国在使用，日本也在使用的阴历、旧历。

"周"这个概念则与太阳、月亮无关，是完全人造的，它基于犹太教和基督教教义中，神工作 6 天休息 1 天的信仰。每周用休息日进行划分。

在美索不达米亚，人们以 6 为基准创立 60 进制，以此将每 60 分钟算作 1 个小时。

公元前 6 世纪左右，犹太教将花费 6 天创造世界的神休息的日子称为 Shabbat[①]，意为"中断工作"。待到"周"的概念正式进入罗马历法，人们又用太阳、月亮、土星、水星、木星、火星、金星来命名一周的每一天。

后来随着罗马历法，"周"的概念被传到西欧，人们又开始用北欧神话中神的名字来命名其中一些日子。如：星期日的英文

---

① 即犹太教的安息日。

"Sunday"指"太阳之日",指代太阳神;星期一的英文"Monday"指"月亮之日",指代月亮女神 Mona。

## ♯ 各地区/宗教的历法

| 地区/宗教 | 历法 | 特点 |
| --- | --- | --- |
| 美索不达米亚 | 太阴历 | 导入"闰月"概念 |
| 古希腊 | 太阴历 | 采用每 19 年 7 次闰月的"默冬周期" |
| 古埃及 | 太阳历 | 人类历史上首次采用太阳历 |
| 中国 | 太阴历 | 将每月 30 天划分为每 10 天一"旬",拥有独特的二十四节气系统 |
| 基督教 | 太阳历 | 16 世纪制定格里高利历,定下了以耶稣诞生年份为始的西历纪元 |
| 伊斯兰教 | 太阴历 | 每 30 年 11 次闰年,现在也在使用 |
| 犹太教 | 太阴历 | 采用了每 7 日一循环的"周"概念 |

# 三、文字——复杂社会的形成基础

## ♯ 从绘画文字向抽象记号转变

文字的雏形，是描绘动植物形态的绘画文字。从绘画文字开始渐渐抽象化，形成单纯的直线和曲线的集合体，一步步作为共通的记号被人们认知，这就是文字。

文字之所以被创造出来，其根本原因是随着城市的出现，人类社会进一步广域化和复杂化。在更广阔的范围之内传播信息，记录工作就变得非常必要。

因为文字的出现，人们可以共享同样的内容，不仅广域社会的一体化变为可能，超越时间的限制将信息保存记录下来也变为可能。

不仅是文字，数字、音符也是形成文化和文明必不可少的符号。

随着文字重要性的增强，文字的阅读、书写能力越来越被人们所尊崇，最终成为统治阶级的所谓教养。文字担当着维持大规模社会运行的类似大脑和神经系统的功能，在文明的形成、扩大、继承阶段都发挥着重要的作用。

## ♯ 为什么说"四大文明"是世界史的基础？

文字这一壮大的体系背后，是人类大量的行为和信息的累积。在各个社会中，各种行为不断积累，最终形成文字体系。

而依靠着文字，成熟文明的文化也被传播到其周边地区。

对于周边地区的人们来说，与其自己辛苦地再创制一套文字，不如接受这套已成体系的文字。正因如此，现在世界上使用的几乎所有文字都是由四大文明的文字演变而来的。

如果要追溯现在通行的各类文字的起源,我们会非常惊讶地发现,其根本都出自这四类文字:

古埃及的象形文字

美索不达米亚的楔形文字

古印度的印章文字

中国的汉字

仅仅这四种文字,便衍生出全世界几乎所有的文字。文字演化的背后,是随着城市系统的推广,四大文明传播到世界各地的故事。从这个角度来看,世界的形成出人意料的简单。

世界史中,就将尼罗河流域、底格里斯河与幼发拉底河流域、印度河流域、黄河流域看作人类历史的核心。

## ♯ 根据各地风土不同而"变形"的文字

文字，会根据书写材料、道具的不同而改变形态。

在古埃及，约 5000 年前，人们就开始使用约 1000 个象形文字，当时主要用于记录宗教类的内容。

这些文字原本被刻在石板上，后来简化后被记录在用芦苇制成的莎草纸上。由于这些文字具有很强的绘画文字感，所以被称为象形文字。

美索不达米亚的苏美尔人在柔软的黏土板上进行书写——趁着黏土未完全风干变硬时，用尖头笔在其上书写文字。因为这些文字看起来像是各种楔子组合在一起，所以被称为楔形文字。

代表美索不达米亚文化的阿马尔奈文书中，就记录着许多关于税收和神殿财产的信息。楔形文字是阿拉伯文字和波斯文字的原型，中亚的游牧人民所使用的突厥文字、维吾尔文字，以及蒙古高原上蒙古人使用的蒙古文字，也都是由楔形文字发展而来的。

腓尼基人将象形文字与楔形文字组合,创造出了自己的字母文字。这套字母文字作为商业交易的简单符号在贸易活动中被经常使用,因此在地中海周边区域得到了广泛传播。后又通过古希腊和罗马帝国,成为现在东欧和西欧各类字母文字的原型。

古印度的文字由于只留存下来很少一部分,至今仍无法被解读,所以我们无从得知最古老的印度文字是如何演变成阿苏卡王碑上记录的印章文字的。

但印章文字本身,确实是印度现今使用的各类文字的原型,而且经由孟加拉湾传播到东南亚的各个地区,直接影响了泰文、缅甸文等东南亚各国的文字。

在中国的黄河流域,像上文所说,人们用青铜铸成的棒在龟甲和牛骨等动物骨头上凿出小孔,将其烧灼出裂纹来进行占卜。由于占卜的结果被人们认为是神的旨意,所以这些占卜用的兽骨都被保存了下来。兽骨上记录占卜结果的文字就是甲骨文,也就是最早的汉字。汉字保留了绘画文字的特点,是具象性非常强的文字,其数量有几万个,现在仍在东亚地区被广泛使用着。

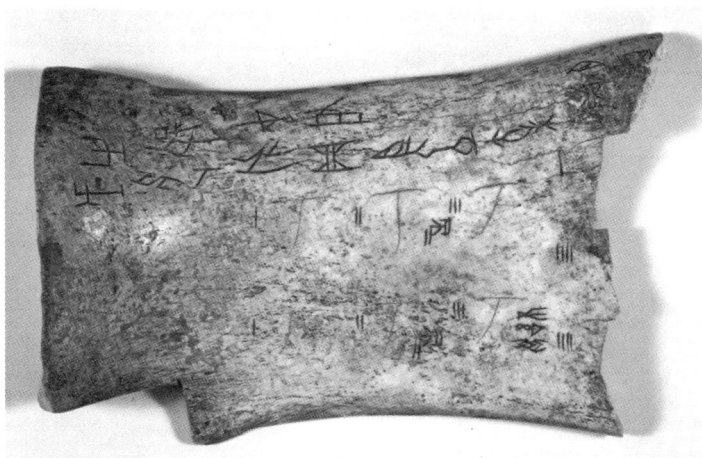

殷商王朝时代(前 16—前 10 世纪)的甲骨文

公元前 221 年,秦始皇(前 246—前 210 年在位)完成统一大业,将篆文作为统一文字进行推广。到了汉代,更实用的隶书出现,而且随着纸笔这些书写工具的诞生,文字被进一步简化,出现了更方便书写的行书、草书。

汉字是契丹文字、女真文字、西夏文字及日本假名等的原型文字。

# 四、印章——创造秩序的工具

## ♯ 正统性和权威性的象征

印章的历史非常悠久。

这是因为印章与维持社会秩序这一重要的人类行为密切相关。

没有秩序的社会,就会像没有规则的体育运动一样陷入混乱。人们的生命和财产得不到保障,会让人陷入沉重的不安。而在社会的一次次进步中,人类也一步步积累了许多关于确立社会秩序的经验。

经验之一就是，创造出一个代表权威的道具，就像历史剧中常出现的各类带有纹饰的信物一样。印章就是这类道具的典型。

印章的历史非常悠久，最早可以追溯到 6000 年以前。美索不达米亚南部的苏美尔地区首先出现了印章。

印章是当一个族群或是个人的财产积累到一定程度时，作为私有物标志而诞生的。

商业交易中的合同、统治者公布的法律及各类行政文书更是推动了印章的普及化。统治者制定的法律和行政文书，必须按有印章才能生效。

印章本身，就是代表手握财富和权力者的正统性的道具。

## ♯各式各样风格印章的出现

古埃及人曾认为屎壳郎是推动太阳运转的神圣动物，所以用过以屎壳郎为造型的印章。屎壳郎推着的粪球代表太阳，屎壳郎则代表太阳神。

在美索不达米亚,人们在大理石、蛇纹岩等材料上雕刻神兽和神树等形象,做成圆筒状的印章。

这种圆筒印章,使用的时候在柔软的黏土板上滚动,上面的图案就可以印到黏土板上了。圆筒印章一般都是中空的,平时还可以穿上绳子挂在身上作为装饰品。

古印度的印章一般都是由滑石制成的数厘米见方的正方体,表面雕刻牛或其他动物,还有至今尚未被解读的部分古印度文字。虽然现在还没有完全解明其用法,但主流的意见都认为它被用于盖在商品的封泥上,或是特定的棉织品上。

在中国古代,人们将竹子或木头削成细长的条(竹简、木简)用绳子串联,制作成一卷书简。而书简的封存者会用绳子将书简系好,在绳结上粘上黏土,再在黏土上盖上印章,这样就可以防止别人不经允许偷偷查看书简了。

印章就这样被先民们当作信息管理的工具。

## ♯金印管理下的东亚各国间的国际秩序

中国古代的皇帝被认为是上天在人间的代理人。在皇帝和各级官员之间，管理信息时使用的道具，就是印章。

中国古代的皇帝将印绶作为官印赐予臣下，作为一种权威的象征。"绶"指的就是佩戴官印时所使用的丝带。皇帝不仅将印绶赐予自己的大臣，也将其赐予周边各个部族的首领。

中国皇帝赐予周边首领的印绶，作为皇权的象征维持着东亚各国之间的国际秩序，是当时稳定社会的重要物件。而在其背后，是广泛影响东亚的中华文明和思想。

也就是说，自认是天下统治者的中国皇帝，通过将代表官职和地位的印绶赐予周边部族的首领，将这些部族都纳入中国这一巨大的伞盖之下。

这就是从汉代一直延续到清代的"册封制度"。

《后汉书》记载：公元 57 年，属国倭国的使节来到汉朝的都城洛阳朝贡，当时的皇帝光武帝赐予使节印绶。日本的江户时代①，福冈县志贺岛上的农民从地下挖出了一枚约 2.3 厘米见方的黄金印章。

这方印章上刻有"汉委奴国王"②字样，印章顶部有蛇形握纽，方便穿入绶带。当时就有学者认为这方印章就是《后汉书》所记载的赐予日本使节的印绶。但因为印章上的蛇纹非常罕见，也有部分学者认为这方印章只是高水准的仿品。

直到 1957 年，在中国云南省，即汉代属国"滇国"境内发现了另一方汉朝皇帝赐予滇国国王的金印，其上同样带有蛇形握纽。这一发现证明了在日本志贺岛发现的金印就是《后汉书》记载的光武帝赐予倭国使节的金印无误，这枚金印也就成了日本的国宝。

---

① 1603—1867 年。

② 此处"委"通"倭"，"奴国"则指的是 1—2 世纪在今日本福冈县的一个小国，也正是金印发掘地。

# 五、钱币——起源于土耳其与中国

## ♯ 与钱币相关的两个假设

假设这个世界上没有货币,那么我们的生活会繁杂到可怕的地步。可以说,正是因为有了货币,社会的进步才成为可能。

有一件东西作为中间环节让物物交换的过程得以顺利进行,又可以进一步作为财产长久储蓄,这件东西就是货币。

货币发展到现在,从单纯的贵金属金银锭到金属钱币,再到纸币,虽然其存在形态一直在变化,但最初定形的货币,是约2500

年前出现的金属钱币。

金属钱币从大层面上可以分为两类：中国古代大量制造的铸造货币(铜钱)和西亚、地中海地区诞生的刻印货币(银币)。

前者以青铜、铜等为原材料，钱币本身并不怎么值钱，其价值是由君权神授的皇帝规定的。其制造和流通的原则与现今的纸币类似。

后者则是本身就拥有高额价值的金、银等贵金属，为了标明其价值，在其上刻上相应印记做成货币。其定价方式大约与现在的金条类似。

最早在美索不达米亚，人们使用银作为交易的中介；在古埃及，人们使用金作为交易的中介。随着交易活动越来越频繁，金、银作为一个整体进入经济圈，人们就将金子比喻成"太阳"，将银子比喻成"月亮"，并人为制定了1∶12的金银兑换率。

但使用贵金属交易存在一个很大的不便，就是每次交易过程中都需要称重和测量纯度。

为了解决这个问题，以帝王权威为品质保障的货币——硬币就登场了。硬币的英文名"coin"一词来源于拉丁语，原意为"楔子",指的是浇铸硬币的楔形模具。因为硬币的出现,交易过程变得更加简单方便,再也不需要每次称重和测量纯度了。

最早使用硬币的国家在地中海沿岸,位于现在的土耳其——吕底亚王国[①]。

最初制造硬币的国王克洛伊索斯[②]靠着发行硬币坐拥巨大财富,以至于现在英语中还用克洛伊索斯的名字"Croesus"来指代超级富翁。

## ♯ 硬币为什么如此重要?

公元前 600 年前后,在与地中海地区贸易频繁的小亚细亚地区的吕底亚王国(? —前 546 年),其国王将金银合金提纯,做成豆子形状的金属块,再在其上刻印官方印记,制作出了最早的硬

---

① 吕底亚(Lydia),亦译为里底亚,位于小亚细亚地区,今土耳其境内。公元前 600 年左右开始使用硬币。

② 克洛伊索斯(Croesus,? —前 546 年),吕底亚王国的最后一任国王,在历史上以财富众多而闻名。

币。吕底亚的这些硬币最早作为奖章，被国王用来赏赐给臣下。用今天的话来说，其实相当于勋章。

但是很快，国王克洛伊索斯发现了这种硬币在携带和储存方面的便利性，于是开创了用硬币作为货币进行交易的全新方式。

接下来的50年间，这种便利的硬币在当时商业发达的西亚、地中海区域得到了广泛的普及。

古希腊曾铸造过各种各样的钱币，但罗马帝国时期，帝国将货币的铸造权收归帝国所有，禁止各种形式的私人货币铸造。现在英文中将货币称作"money"，就是因为罗马帝国专门负责发行钱币的机构，是宙斯的妻子之一——女神摩涅塔（Moneta）[1]的神殿。

---

① 摩涅塔（Moneta），原名摩涅莫绪涅（Mnemosyne），Moneta 是罗马人对她的称呼。希腊神话中宙斯的第五位妻子，缪斯之母，记忆女神。

公元前 3 世纪罗马帝国的硬币，硬币上描绘的是
罗马帝国建国神话中的一个场景。

此外，当时的各个文明都在其发行的硬币上有相应的投射。

以大商业城市雅典为中心的古希腊统治地区、波斯地区的硬币上都刻着神话中诸神的样貌；亚历山大帝国、罗马帝国的硬币上刻的是被神化的皇帝的肖像；而在否定偶像崇拜的伊斯兰世界，硬币上刻的则是《古兰经》中的经句。

在中国，春秋末期到战国时期（前5世纪—前3世纪），商业开始兴盛，借助于城市里的商人，国家的各个地方都出现了不同形制的青铜货币。

到了公元前221年，秦始皇统一中国，将全国的货币统一成一种叫作"半两钱"的铜制硬币。在他统治期间，这种圆形的、中间带有方形孔洞的铜钱被大量铸造，其中圆代表"天"，方形的孔代表"地"，而半两钱也成为中国后来历朝历代铸钱的基本统一形制。

中国古代的货币与其他古代文明的货币相比，其特色就是货币本身的金属价值不高，其交易价值完全由皇帝权威赋予。

## ♯纸质的钱来自四川

10 世纪前后,伊斯兰帝国的商业活动发达,贸易活动跨越了整个欧亚大陆,制造硬币所需要的金、银、铜等原料的供给已经跟不上经济的发展速度,所以货币兑换业迅速发展起来,以至于人们可以拿着在巴格达发行的支票,去摩洛哥换取现金。

中国的北宋时期(960—1127 年)也是如此。经济迅速发展带来铜钱的发行量激增,四川等地区甚至开始使用铁铸的钱币。

但是铁钱价值不高,无法应对高额交易,四川成都的商人们因此发明了一种叫作"交子"的票据。之后政府又将便利的"交子"的发行权从商人手中夺回,开始正式发行叫作"交子"的纸币。由于中国古代长期使用的是价值不高的铜钱,所以从硬币时代转换到纸币时代相对较为顺畅。

蒙古帝国时代,蒙古帝国下属的西亚的伊尔汗国(1256—1335 年)从元朝招来了专门的工匠,开始试着发行纸币。但由于西亚文明自古都以贵金属作为货币的主要材料,这次发行纸币的尝试最终还是失败了。

元朝则禁止了硬币交易，全国统一使用叫作"交钞"的纸币。来访元朝的马可·波罗就曾在书中以惊讶的口吻描述过元朝的纸币使用情况。而欧洲最早发行的纸币要到法国大革命时期才出现，当时革命政府没收了大量的教会资产，作为担保，发行了一种叫作"assignat"的纸币。"assignat"在法语中意为"用于支付"，但随着革命的深入，政府的财政状况急剧恶化，这种纸币最终完全丧失了兑换功能。

# 六、道路——大规模工事制造出的帝国血管

## ♯ 道路,文明的尺度

道路,是城市的"触手"。如果没有可以运送大量粮食的道路和运河(人工开凿的水路),城市是无法发展的。

所谓"道路是文明的尺度"一说,也正因于此。

公元前 1 世纪,古希腊的地理学家斯特拉波[①]指出,代表美索

---

① 斯特拉波(Strabo),古希腊地理学家、历史学家。约公元前 64 年或前 63 年生于小亚细亚的阿马西亚,约公元 23 年去世。

不达米亚文明的古代都市巴比伦曾拥有过一个呈放射状,从城市中心向周边地区辐射的道路网。

利用河流走势以船只进行大量物资输送的水路,承担着比陆路更为重要的职能。比如在公元前 18 世纪统一美索不达米亚全境,制定了《汉谟拉比法典》的汉谟拉比王,正是通过整顿全国的道路和水路,来推动统一全国的计划的。

## ♯没有道路网,就没有庞大的帝国

城市形成以后,经过 2500 年,自公元前 6 世纪以来,出现了一个又一个庞大的帝国。西亚的波斯帝国、印度的孔雀帝国、中国的秦帝国、地中海的古罗马帝国就是这样的庞大帝国。

这些帝国的共通之处,就是都进行了大规模的道路网整修,并且通过建设全国的道路网,实现了食物和物资的运输、信息的收集、官僚系统的维持、军队的调动等。大规模的道路网就是这些庞大帝国的血管、神经、食道。

如果没有对这些大型道路网进行整修、维持和管理,要维持如此庞大的帝国根本是不可能的任务,更不用提那些以这些帝国存在为前提而形成的各个文明区域。

那么接下来就让我们看看支撑起这些庞大帝国的道路网。

古希腊历史学家希罗多德①曾在其著作《历史》中描绘过波斯帝国的道路网:主干道"王之道"从位于伊朗西南部的首都苏萨开始,经过美索不达米亚中心区域,通往安纳托利亚(今土耳其)的中心城市萨尔德斯,总长 2400 公里;其间每隔约 25 公里还设置有供商人休息的驿站,总共 111 所,快马制度和接力传递制也都已经形成。

为了应对大城市爆发的叛乱,"王之道"更是在大城市之间打通了"直通线"。比如从首都苏萨到萨尔德斯,步行一般需要 3 个月,而骑快马只需要 7 天。

秦帝国也存在着一条从首都通往各个主要地区的干线道路:驰道。驰道全长约 6800 公里,宽约 70 米,全国马车的车轴宽度也都以适应驰道为标准进行统一。到了汉代,更是进一步确立了

---

① 希罗多德(Herodotus),公元前 5 世纪的古希腊文学家、历史学家。其所著《历史》是西方第一部历史学巨著,他也因此被称为"史学之父"。

驿站制度：沿着大道每隔一定距离设置驿站,而在各地的中心城市还设有专门用来更换的驿马。

## ♯条条大路通罗马

在道路网这方面最有名的,当然要属罗马帝国。正是发达的道路网,使其实现了对未完全开发的欧洲的统治。

罗马帝国最初的道路建设是交予一个叫作"肯德里亚·阿凯尔索罗姆·维拉特罗姆"的工程兵部队实施的,其目的自然是方便军团的调动,这一部队也成了此后数百年道路建设的中坚力量。而当远征到达极限,道路建设就转而变成解决失业的好对策。对于当时的罗马人来说,为道路建设提供资金是一件非常荣耀的事情。

在罗马帝国全盛期,从各主要城市延伸出去的干线道路多达29条,总长竟达到惊人的86000公里。由于这些道路最初都是为了战争需要而建设的,为了更方便马拉战车行驶及军队对地形的观测,这些道路全都呈直线状。

## 诞生在大河流域的物品

### 第一章

　　为了将道路建成直线状，就不得不面临许多诸如开山架桥之类的高难度工程，但对于向来以"征服者"自居的罗马人来说，这些高难度的工程反而是他们彰显权威的机会。从结果来说，他们这份"无用的"自尊实际上为当时土木工程建设技术的发展提供了动力。

　　古罗马的道路一直以坚固而闻名——用三层小石子垫底，石子缝隙间用灰浆填充，其上再铺以石板加固，道路的厚度可达 90～120 厘米。负责这些道路日常维护的，则是居住在道路附近区域的居民。

　　罗马帝国的初代皇帝屋大维（前 27—14 年在位），模仿波斯帝国（前 550—前 330 年）创立了名为"cursus publicus"[1]的驿马制度。首都罗马到下属各州的干线道路上，每隔约 40～50 公里就设置一个驿站，只要出示官方发放的通行证[2]就可以自由转乘驿站提供的马车，因此信息的传达速度可达每日 90 公里以上。

---

　　①　cursus publicus 为拉丁语，语源来自古希腊语，意为"公用道路"。
　　②　罗马帝国发放的通行证名为"diploma"，这个词现在英语中也用来指高校发放的毕业证书等。

为了大家更好地理解，我们把罗马帝国的道路网与现代美国的道路网做个对比。

根据 1904 年美国最初的国情调查资料，当时美国全国铺设道路的总长为 24 万公里，而未铺设的道路总长为 320 万公里；即使到了 1997 年，铺设道路的总长也只有 635 万公里，全国的道路铺设率仅为 58.8%。

与匆忙进行西部开发，使自己成为大陆国家的美国相比，我们就能更清楚地知道在遥远的过去，罗马帝国的道路网建设是多么优秀了。

# 七、乳香、胡椒、丝绸——代表身份地位的物品

## ♯为什么人人都爱奢侈品？

无论哪个社会,都不缺少奢侈品。

人与人的差别总是通过物品来表现——这一原则从古至今未曾改变。

在古代,富裕阶层和特权阶层就爱用一些本地不出产的稀有物品来彰显自己的社会地位,通过这些稀有物散发出的特殊气息,来表示自己不同于一般民众的特权身份。而奢侈品又反过来

通过这些人获得了特有的"品牌印象"，让人产生一种"只要拥有一件奢侈品，就是贵族阶级"的感觉。

这个道理同样适用于现代社会，毕竟现在还有不少人觉得拥有了奢侈品手包、手表，就可以成为上流人物。人类的心理经历几千年其实并没有太大的变化，而这些奢侈品手包、手表，和古代那些珍贵的香料、布匹的功能其实是一样的。

就算一掷千金，人们也想拥有属于自己的奢侈品。

在交通和信息交流不发达的古代，一件在某地非常常见的物品，到了另一个地方也许会身价倍增，成为奢侈品。"稀有感"本身产生了巨大的价值。

信息的匮乏，更进一步助长了人们对未知事物的好奇和珍视。特别是那些用来装饰在身上的物品，就算再昂贵，别人也不能说什么，反而是价格越贵，越显得地位崇高，物品本身也就越受欢迎。

对于商人来说，没有比买卖奢侈品更好的生意了。不仅意大利和法国，各个国家都有意识地孕育自己的品牌。因为只要距离够远，对于贸易来说就存在一种博弈可能，而这种非日常性的高额利润对商人来说则是巨大的诱惑。

在古代,能够跨越重重阻隔,将相隔遥远的罗马、印度和汉朝(中国)联系到一起的,就是追求一日千金的商人。只要统治阶层和特权阶层愿意花巨资从他们手中购买商品,让他们得到丰厚的回报,他们就可以跨越世界上最大的海洋和沙漠。

## ♯经过"乐园"走向世界的乳香

最初,来自古埃及、美索不达米亚、叙利亚的商人们会大批聚集到与地中海相接的红海和印度洋交界处,阿拉伯半岛的西南部(今也门地区)。此地出产的一种散发出绝妙香气的香料——乳香,征服了古埃及的法老和世界各地的统治者,成为统治者们共同追求的一种奢侈品。

乳香木属橄榄科,将其树皮划破会流出树脂,而这些树脂凝固成的乳白色固体就被称作乳香。乳香焚烧后会散发出非常美妙的香气。不仅古埃及神殿中乳香被作为神圣的香料长期使用,波斯和印度的商人也为了得到乳香而长途跋涉来到红海。

与红海相连的亚丁湾的名称,就来自意为乐园的"伊甸园"①。当时的亚丁湾周边林立着富商巨贾们的豪华宅邸,称得上是世界上最富有的地区。

从公元前 10 世纪到公元前 2 世纪,一直支配着乳香贸易,使也门地区空前繁荣的是萨巴王国。这个国家的商人们控制着从阿拉伯南部到巴勒斯坦的商路,将乳香运往地中海。

《圣经·旧约》中有个很著名的故事,讲的就是萨巴女王听闻所罗门王(约前 971—前 931 年在位)的名声,为他献上了大量的香料、黄金和宝石。

## ♯ 胡椒、丝绸……贪婪的古罗马人

罗马帝国统一地中海地区后,红海和印度洋的航路就连成了一个整体。富裕的古罗马人身穿华丽的衣裳,为了吃到更多好吃的东西,宁愿将刚吃进口的食物吐出……他们已经无法满足于地

---

① 亚丁湾名"Gulf of Aden",伊甸园的英文则是"Garden of Eden",其语源是相通的。

中海地区提供的那么一点点中国的丝绸、印度的棉布,以及胡椒,古罗马商人们开始直接向印度进发。

公元前 1 世纪,古希腊学者斯特拉波就曾记录过,每年有 120 艘商船从埃及的港口出发驶向印度。从公元前 1 世纪末到公元 4 世纪,罗马帝国内三分之二的白银和五分之四的黄金都流向了亚洲,从而直接导致了帝国财政状况的恶化。

在频繁的航海过程中,古埃及的航海家希帕罗斯从印度洋上风向的定期变化中发现了季风。季风的英文名"monsoon"来源于阿拉伯语中指季节的词语"mausem"。它有个别名,就叫作"希帕罗斯的风"。

发现季风并加以利用之后,印度洋就变成了航海家们的"内海"。印度洋航路,通过印度商人们与东南亚的各个地区相联结,后来甚至通过伊斯兰商人,成为一条从西亚到中国南部的固定航路。

用蚕吐出的丝织成的丝绸,在很长的时间里是只在中国生产的贵重织物。中国殷商时期的甲骨文中,就有关于蚕、桑、丝绸的记载,证明了远在殷商时期,养蚕和丝织就已经在中国成形。

从公元前 2 世纪的汉朝起，丝绸开始经由丝绸之路或海上丝绸之路走向西亚。触感柔滑的丝绸给商人们带来巨大的利益。

到了公元 6 世纪，随着蚕种和桑树种子被传到拜占庭帝国①，中国商人对丝绸的垄断终于被打破。而丝绸作为奢侈品的历史，也随着伊斯兰世界和拜占庭帝国工匠们手中丝绸的诞生而宣告终结。

到了 12、13 世纪，十字军东征又将丝绸带到了欧洲，意大利成为欧洲的丝绸生产中心。

---

① 拜占庭帝国（Byzantine Empire，395—1453 年），即东罗马帝国。

# 大草原——来自游牧民族的冲击与东西文明大交流

## ★历史的大走向——哈里发帝国的繁盛与蒙古帝国的兴起

第二章

在整部世界史中，7—14世纪是一个特别的时间段。这个时间段以游牧民族和商人的力量呈爆发性增长为最大特征。

从公元7世纪开始至14世纪，拥有骆驼和马的游牧民族是世界范围内最活跃的一股力量：公元7世纪到8世纪，创立伊斯兰帝国的是阿拉伯人；公元11世纪，创立塞尔柱帝国的是突厥人；公元13世纪，创立蒙古帝国的是蒙古人。由于游牧民族不从事谷物的耕种，所以他们的活跃直接带来了商业的大规模化。

阿拉伯人和土耳其人通过建立伊斯兰帝国，将伊斯兰世界的贸易圈大规模扩张，从而创立了一个前所未有的庞大的贸易体系，让伊斯兰文明成长为世界规模的文明。

初期的伊斯兰文明是柔软而富有创造性的，以"安拉创造万物"为基本认识的出发点，在广阔的欧亚大陆上经过长年的积累，吸收了周边各个文化而逐渐成长，最终成为世界性文明。

1096—1291 年十字军东征后，伊斯兰文明进入欧洲，为之后欧洲文明的兴盛奠定了一定的基础。

而作为史上幅员最辽阔的帝国，蒙古帝国的统治区域曾经覆盖几乎整个欧亚大陆，实际上推动了伊斯兰文明与中华文明的交流。

虽然蒙古帝国的存在时间不长，但在其统治期间，欧亚大陆无论是陆上商路还是海上商路，都呈现出空前的繁荣景象。

蒙古帝国分裂、元朝灭亡后，东亚地区在中国明王朝的统治下又逐渐回复到中华文明的系统中，文明本身也按照传统的模式被重新整合。明朝基本上确定了中国人的生活方式，并一直延续下来。

伊斯兰文明则走上了土耳其的奥斯曼帝国、伊朗的萨菲帝国、印度的莫卧儿帝国三条不同的道路，这三条不同的道路以各自的方式将伊斯兰文明进一步细化，逐渐形成现在的各个不同分支。

# 一、骆驼——支撑起整个伊斯兰社会的动物

## ♯重新布局世界地图的不仅是马

世界史总爱在谁也没注意到的瞬间,朝着谁也不曾预料到的方向急速转弯前进(虽然这些转折点在事后总会被人们赋予各种必然性)。

而在这些转折点上一定会发生的事情之一,就是那些原本在历史上默默无闻的物品突然走到历史舞台的幕前,成为推动时代变革的重要工具。

就像谁都不曾预料，那些一直以忍耐力和难以取悦为特征的沙漠骆驼，从荒芜的阿拉伯半岛走向世界，为接下来世界格局的重组贡献了巨大的价值。电影《阿拉伯的劳伦斯》①中，我们能看到这样的经典镜头——驮着人的骆驼在沙漠中像马一样奔跑。

正是这些来自被称为"不毛之地"的阿拉伯半岛，骑在骆驼上奔跑的伊斯兰教徒，抓住了罗马帝国和波斯帝国衰弱的历史时机，创造出了属于自己的新世界。他们的这一举动就是历史上被称为"大征服运动"（7—8世纪）的阿拉伯民族迁移。

7世纪前后，东西罗马帝国经过常年战争都已疲惫不堪，此时一位名叫穆罕默德（570—632年）的预言家在阿拉伯半岛诞生了。他创立了伊斯兰教，将阿拉伯游牧民族统合在了一起。

阿拉伯游牧民族也被称为"贝都因人"，英语写作"Beduin"，是从阿拉伯语的"Badawi"演变而来，意思是"像沙漠一样，散落在城

---

① 《阿拉伯的劳伦斯》是由大卫·里恩执导的冒险片。该片以土耳其入侵阿拉伯半岛为背景，讲述了英国陆军情报官劳伦斯带领阿拉伯游击队反抗侵略，使阿拉伯各族维系在一起的故事。1963年，该片获得第35届奥斯卡奖最佳影片奖、第20届美国金球奖剧情类最佳影片奖等奖项。

市之外的人们"。

虽说伊斯兰教的创始人穆罕默德本人是商人,但当时大部分阿拉伯人都是居住在半沙漠化地区的游牧民,很多人是看不起定居生活的。

穆罕默德死后,继承教团的哈里发开始动员阿拉伯游牧民们为扩大伊斯兰世界进行"圣战",并于 636 年打败号称有 20 万大军的拜占庭帝国,占领其经济中心叙利亚。

642 年,阿拉伯人又征服了拜占庭帝国的"粮仓"埃及,势力扩张到利比亚东部地区。至此,整个地中海地区的南部已经完全被划入伊斯兰世界。

"大征服运动"的结果,就是将地中海地区的势力分成了基督教和伊斯兰教两派。现在已成为世界性难题的难民问题和移民问题,其缘由就在于这次历史性的分裂。

伊斯兰大军在西亚也所向披靡——637 年打败了曾经统治伊朗高原和美索不达米亚地区的萨珊王朝①大军,将伊拉克也划入

———————————

① 萨珊王朝(Sassanid Empire,224—651 年),也称波斯第二帝国,是最后一个前伊斯兰时期的波斯帝国。

了自己的权力版图。

萨珊王朝的军队在首都失守后一直向伊朗高原方向溃逃，于642年组织了最后的反击——尼哈温战役，但仍以惨败告终。651年，萨珊王朝最后一任国王死于刺杀。至此，西亚地区正式进入伊斯兰化时代。

以上一系列战争，就是"大征服运动"。

"大征服运动"宣告了"海之帝国"罗马和"陆之帝国"波斯两大帝国统治时代的结束，是世界史上重要的转折点。而"大征服运动"中圈定的伊斯兰世界的区域，一直到今天也没有什么变化——这点本身也很耐人寻味。

## ♯在不毛沙漠中行走的"船"

在"大征服运动"中，阿拉伯战士们非常巧妙地利用了农耕地区周边的沙漠地形及其间生活的特殊动物——骆驼。

不同于骑在马上征服世界的蒙古骑兵，这次的新世界，是在这种肩高近 2 米的动物脚下诞生的。

当时阿拉伯战士们使用的骆驼可以像马一样被当作坐骑,它们每天的奔跑距离可达 160 公里以上,与现在人们常用的可驮载 500 千克货物,每天移动四五十公里的骆驼完全不同。

一个新的时代就这样在这些毫不畏惧沙漠的阿拉伯战士手中诞生了,他们骑在高速奔跑的骆驼背上,在浩瀚的沙漠中如鬼魅一样出现,靠着高速移动的战术打败一个又一个强敌。

这些来自阿拉伯半岛的游牧民,由于祖祖辈辈都在沙漠周边以放牧骆驼为生,所以在沙漠中可以毫无畏惧地自由行动。对于他们来说,沙漠就是"海洋",绿洲就是"港口",而骆驼就是他们穿越海洋的"船"。广袤的、被农耕民族视为荒地的沙漠,最后竟然将周边地区连成了一个大世界。

阿拉伯的骆驼骑兵们行动迅速,一旦战况不利,就可以骑着骆驼快速撤离,再在敌人意想不到的时刻发起反击。

骆驼的眼睛和鼻子都可以抵御风沙,蹄子底部厚厚的肉垫受得住沙漠里黄沙的灼热,强大的消化系统可以吸收沙漠里多刺植物中的营养。它们和阿拉伯游牧民一样,都是经历过沙漠残酷的生存环境考验的胜者。

这片拜占庭军队和萨珊军队都畏惧而不曾踏入的沙漠，对于骆驼和其上的阿拉伯游牧骑兵们来说习以为常。

## ♯通过军事征服建立的伊斯兰帝国

阿拉伯人的征服行动模式是以军事重镇为中心，以此建立根据地，然后朝周边农耕地区扩张。

哈里发会任命一位将领为远征军的司令官，战争的一切决策都由他下达。而战争中获得的战利品会被兑换成货币，其中五分之一献给哈里发，剩下的由所有将士自行分配。

伊斯兰帝国统治期间，统治者在尊重各地原本统治传统的基础上，通过征收人头税和土地税的方式来加强自己的统治。原本一个个不同的社会体系，就像一块块马赛克一样，在相对柔和的统治体制下继续生长，被渐渐拼入伊斯兰这块巨大的版图。

阿拉伯人就这样成了统治阶层，其势力渐渐扩张到阿拉伯半岛以北广大的农耕地区。

在这场从 7 世纪一直持续到 8 世纪的"大征服运动"中，约

120万名阿拉伯人离开了被称为"不毛之地"的阿拉伯半岛,移居到叙利亚、埃及、伊拉克和伊朗地区。"大征服运动"的本质,就是阿拉伯半岛的一次大规模民族迁移。

也是在这个时期,伊斯兰历法被推广到更广大的区域,被伊斯兰教徒奉为"神的启示录"的《古兰经》也被编纂成册,成为整个伊斯兰社会发展的基石。

# 二、单桅三角帆船与中式古代帆船

## ——联结起广袤的亚洲两头

### ♯ 由单桅三角帆船开启的"第一次大航海时代"

地球表面的 70％是海洋,而要在海洋上航行,船就是必需品。起初的船只能用桨划动,直到人们懂得利用风力,发明了帆船,能够横渡大洋的大型船只才真正登场。

在 1807 年蒸汽船出现之前,帆船的时代持续了很长时间。人们发现了夏季和冬季定期的海洋季风,印度洋成为人类最早开发的大洋。

特别是伊斯兰世界的单桅三角帆船[①]和中国的古代帆船[②]，二者为亚洲开创了前所未有的大航海时代。

海上丝绸之路指的是从红海到波斯湾，再经由阿拉伯海进入印度洋，最后抵达东南亚的这样一条海上贸易路线。海上丝绸之路真正发挥作用要到 8 世纪后半期，而起到很大推动力的就是伊斯兰商人们。

以波斯湾为中心，直到欧亚大陆南沿的诸海域，当时一直是阿拔斯王朝[③]的伊斯兰商人们的领地。只靠着一根桅杆就可以乘风破浪的单桅三角帆船的出现，为他们带来了无数商机。

从东非沿岸运往伊拉克南部的不仅有象牙和黄金，还有大量

---

① 单桅三角帆船：英文名为 dhow，亦称独桅三角帆船，是一种金属薄板装配的船，尤指阿拉伯人在印度洋海上使用的帆船种类。

② 中国古代帆船：英文名为 junk，特指中国古代发明的一种特殊帆船样式，最早出现在汉朝。船上多装配四个风帆，并不直接迎风，而是横向且稍倾斜地面对迎风面，使船只即使在逆风的情况下仍然能够高速前行，无须像西方帆船一般降帆。

③ 阿拔斯王朝是阿拉伯帝国的第二个世袭王朝，也就是中国古代常说的"黑衣大食"。750 年建立，1258 年为蒙古帝国所灭。

被称为"僧祇"①的黑奴,他们被大批派去为土地除盐。随着人们对季风运用越来越熟练,印度洋上更多的航路被开发出来,最终,经由马六甲海峡,花两年时间就可以往返于波斯湾和中国广州港的直通航路开通了。

只要有效利用季风造成的洋流,不带机器动力的帆船也可以达到每小时 10～12 海里(约合时速 18～20 公里)的速度。此时,可以同时搭乘 400～500 名船员的大型单桅帆船已建造成功,亚洲历史上第一次大航海时代的曙光开始闪现。

这条与陆上丝绸之路不同的海上丝绸之路,每年运送大量物资往返于欧亚之间,将欧亚大陆的东西两端联结在了一起。其本身也慢慢发展,最终成为联系欧亚大陆的一条经济大动脉。

---

① 僧祇,波斯文音译,原为"黑人"之意。12 世纪阿拉伯地理学家伊德里西把居住在非洲东海岸从谢贝利河到坦加一带的黑色皮肤的居民称为僧祇。

## ♯在中国做生意的伊斯兰商人们

从未知的神秘国度带回巨大财富的水手,会成为伊斯兰世界里明星一般的存在。水手辛巴达就是这样一种人的具象化代表。

在《一千零一夜》中登场的辛巴达,与《阿拉丁与神灯》中的阿拉丁、《阿里巴巴与四十大盗》中的阿里巴巴齐名,都是为世界所熟知的伊斯兰文学形象。"辛巴达"这个名字原指"印度来的旅客",是阿拉伯民间故事中频繁出现的人名。

《一千零一夜》中的辛巴达生活在阿拔斯王朝最繁盛的时期,哈伦·拉希德(786—809 年在位)哈里发统治时代。他七次出海,到过印度洋、印度、安达曼海、锡兰群岛等地,在一次又一次冒险的过程中获得了巨大的财富。《辛巴达航海记》被传到欧洲后,辛巴达不屈的冒险精神获得了欧洲人民的认同,直接影响了后来的《罗宾汉历险记》和《格列佛游记》的创作。

伊斯兰商人们的首选采购地,自然是拥有丝绸、瓷器等诸多特产的中国。根据阿拉伯人的记载,当时的中国广州,就设有供

12 万名伊斯兰教徒居住的大型聚居地。中国的文献中将这种伊斯兰教徒的聚居地称为"蕃坊",蕃坊的管理者被称为"蕃长",政府承认蕃坊的自治地位。伊斯兰教徒们做礼拜的清真寺在中国建了起来,甚至《阿拉丁与神灯》的故事舞台也在中国。

中国的大型商业都市扬州同样居住着数千波斯人和阿拉伯人,他们在黄海和东海与新罗商人做生意。9 世纪伊斯兰的地理书介绍日本为"倭国",显然这些信息都来自中国。

## ♯中式古代帆船与"第二次大航海时代"

10 世纪中后期,由于受到伊斯兰商人的刺激,中国沿海的广东、福建等地的居民开始使用大型的帆船和指南针,在东南亚和印度洋地区进行海上贸易。他们的活动区域与单桅帆船所覆盖的商业圈相结合,进一步激活了亚洲的贸易活动。

中式古代帆船都是平底船,船首一般比较平坦,有高耸的船尾楼甲板。船上有粗帆布制成的四角帆及三根船桨,船体内部按需要被分为三个区域,整个船体由一根小小的龙骨贯穿。

中式古代帆船的出现，代表着亚洲第二次大航海时代的到来。

朝鲜、日本、东南亚、南印度洋……这片广阔的地区，都被划进了中国帆船的世界。

中国景德镇出产的瓷器代替丝绸成为最具代表性的输出商品。中国的铜钱甚至被带到海外，在日本和东南亚等地被当作通行货币使用，而东南亚各地及印度出产的各类香料、香木源源不断地被运往中国。

当时，这种用高岭土经 1000 摄氏度以上高温烧制而成，玻璃质感的坚硬瓷器，只有中国才能生产。因此瓷器在东南亚、印度、西亚、非洲等地被当作贵重的物品，其作为输出商品的价值也超越了丝绸。

于是海上丝绸之路也被人们参照陆上丝绸之路，称为"瓷器之路"。

# 三、咖啡和威士忌——发源于伊斯兰的嗜好品

## ♯ 与伊斯兰世界密不可分

　　原产于埃塞俄比亚高原的咖啡,渡过红海被传到了阿拉伯半岛,但直到10世纪,人们都还只是将咖啡豆煮水用来入药。到了13世纪,人们终于发现将咖啡豆烘焙后会有特别的香气和风味,咖啡这才真正开始广泛传播。现在欧洲流行的各种咖啡的起源都只有一个,就是阿拉伯半岛的"摩卡"。

　　16世纪初,喝咖啡的习惯从阿拉伯半岛传播到了土耳其;到

了 17 世纪，又传到了英国、法国等地。

此外，欧洲的威士忌、白兰地等蒸馏酒之所以会出现，也得益于伊斯兰世界一件器物的诞生——蒸馏器。

中国古代的炼丹家认为，只要使用硫黄和水银，所有的金属都可以被冶炼出来。以中国的炼丹术为基础，伊斯兰世界创造了相对先进的炼金术。他们将用冷水使气体迅速冷却凝结的东亚式蒸馏器与希腊式蒸馏器相结合，做出了进化版蒸馏器。

进化版蒸馏器被传到欧洲，刚好赶上欧洲大规模暴发鼠疫（黑死病），蒸馏水于是被称为"生命之水"。威士忌、白兰地等蒸馏酒也进一步被制作出来。

进化版蒸馏器也一样被传到了东方世界。印度、东南亚等地用它来制作椰子蒸馏酒；泰国人在其基础上发明了用大米做蒸馏酒的蒸馏器；日本很多地方的烧酒也是由这种蒸馏器制作出来的。

用阿拉伯语写成的蒸馏过程说明。图片年代为 18 世纪。

## ♯世界最初的大规模文化交流圈的建立

人类的物品体系之所以会越来越复杂,正是因为有了不同的文化和文明之间的交流。只要留意一下我们身边的各种小物品就会发现,从遥远异国舶来的东西意外之多。

交流和传播在推进文化变迁的同时,也在不停改变着世界物品的体系。几百年前的一次新文化交流,会直接体现在你身边的某件物品上。

从亚洲各地到欧洲、非洲之间的最初的文化交融,发生在伊斯兰帝国统治时期。

在阿拔斯王朝(750—1258 年)时期,西亚的统治者阿拉伯人与被统治者伊朗人的社会协调体制已经基本稳定,作为征服者的阿拉伯王朝,对于同样是伊斯兰教徒的各个民族采取了比较平等的统治策略。一个征服与战争的时期宣告结束,欧亚大陆进入一个广域经济时代。

阿拔斯王朝的首都建立在底格里斯河西岸的巴格达,这是一座新都市。巴格达的城市布局为三层城墙包围着圆形的城市管理中心和要塞,城墙周边居住着大量居民,哈里发哈伦·拉希德统治期间,人口数量达到顶峰的 150 万,巴格达成为一个超大型经济中心。

《一千零一夜》中就有这样的记载:"这是哈伦·拉希德的时代,从中亚的茫茫沙丘到北欧的森林深处,从马格里布(北非)到安达卢西亚(伊比利亚半岛),再到遥远的中国、鞑靼①边境,无处不响彻他的盛名与光荣。"

1. 地中海—红海—印度洋—中国南海的海域世界

2. 丝绸之路

3. 从印度河流域,经由叙利亚、埃及一直到伊比利亚半岛的陆路

4. 纵向穿越撒哈拉沙漠的贸易之路

这些最终都在巴格达汇聚。

---

① 鞑靼,是不同地区不同时代对出现在欧亚大草原上的不同游牧民族的泛称,此处指在蒙古高原与俄罗斯附近居住的突厥民族。

## ♯文明大碰撞下产生的源于阿拉伯语的词汇

当时伊斯兰贸易圈几乎覆盖了整片欧亚大陆,在频繁的贸易活动中,流转互换的不仅有物品和信息,更有各地的物产和文化。

伊斯兰世界的人们信奉"一切皆是安拉赐予",他们开放地吸收着各个地域的文化和文明,创造出一个覆盖全欧亚规模的文明,也创立了相应的物品体系。

当时繁荣的国际文化在我们现在使用的语言中也留下了大量痕迹。

比如现代英语中的海军上将(admiral)、商队(caravan)、军火库(magazine)、支票(check)、风险(risk),还有糖(sugar)、芦笋(asparagus)、棉花(cotton)、炼金术(alchemy)等词语的起源,都是阿拉伯语。

在世界范围内传播的伊斯兰文明,在十字军东征后移植到了欧洲,成为欧洲文明的基础。

我们来看看与我们的日常生活息息相关的糖吧。

　　糖的原料甘蔗,曾在 16 世纪的美洲大陆殖民地开发及环大西洋地区的资本主义经济萌芽中做出过巨大的贡献。其原产地为新几内亚,7 世纪时由印度、伊朗、埃及传入地中海地区,但当时的人们是将其作为肠胃药使用的。

　　在 14 世纪的埃及和意大利北部,鼠疫泛滥,埃及人认为糖可以维持身体的强健,是一种药物,所以大量推广甘蔗的种植。意大利热那亚的商人看到其中的商机,为了大量生产砂糖,他们开始在非洲沿岸的大西洋各个岛屿上种植甘蔗。

　　16 世纪之后,葡萄牙人接手了甘蔗种植的生意,他们在巴西庄园中生产大量的砂糖,这对欧洲经济的快速发展起到了重要的推动作用。砂糖(sugar)这个词的语源就是阿拉伯语中的"sukkar",再往前还可以追溯到梵文的"sarkara",意思是"沙粒"。

# 四、裤子和腰带——诞生于游牧社会的功能性服饰

## ♯与马密切相关的游牧民族的时尚

对于我们身边各式各样的物品,如果你去追根究源,经常会发现它的起源完全出乎你的意料。

你知道吗?我们几乎每天都穿戴的裤子和皮带,原本都来自游牧民族。

农耕文明在欧亚大陆南部日渐繁荣的同时,欧亚大陆北方大片夹杂着沙漠的草原上散布着生活状态与农耕民族完全不同的

游牧民族。

欧亚大陆中部广大的草原地区,包括蒙古高原到匈牙利草原的广阔区域,常年降雨量不足 500 毫米,属于干旱地带。为了保证牲畜有足够的草料,基本上每隔 10 公里才会有一户牧民生活。而在如此广阔的草原上生活,马就成了一种必备的生存工具。

游牧民族拥有与生俱来的在草原上骑马疾驰的能力,而且在他们眼里,马拥有看穿黑暗,将人类的灵魂与冥界联通的能力。无论从物质层面还是精神层面来说,马都是他们最值得依赖的伙伴。

在这种与马密切结合的生活方式下,诞生了一种全新的服装——裤子。

虽然裤子的起源现在还没有完全确定,但很明显,这种将双腿分开的服装,是非常适合骑马的。

中国古代将裤子归为"胡服",其中"胡"指的是北方的少数民族。古罗马人最初将日耳曼民族称为"穿着裤子①的野蛮人",但

---

① 现在英语中还将在小腿处束住的短裤、马裤称为 breeches,其语源是拉丁语中的"bracae",是最初欧洲人用来称呼游牧民族的裤子的词语。

后来日耳曼民族大规模南迁,裤子也就变成欧洲人的日常服装。可以说,裤子就是游牧民族的生活风尚席卷农耕社会的一个缩影。

## ♯工具和财产都从不离身

游牧民族基本上都过着简朴的帐篷生活,而最为适应这种生活方式的"道具"就是腰带了。

腰带不仅可以防止骑马的时候裤子在摩擦中滑落,而且便于将各种生活用具和财产挂在腰部,随身携带。

人们将小刀之类的生活用具和贵金属等都挂在腰带上方便使用,这一习惯后来也影响到农耕社会里的人们。朝鲜的古墓中就曾发掘出挂着财宝的腰带及腰带上的金属物件等随葬品。

而继承了日耳曼人生活习惯的欧洲人,则在腰带上挂上了各类布或皮革制成的小袋,然后将钥匙、食物、黄金、小刀等物品放进这样的小袋中。这种小袋子被称为"奥摩尼埃尔"(aumoniere),意思就是随身袋(pass pouch)。从贵族到农民,几乎所有阶层都将其看得非常重要。特别是当时的药剂师，一般都会在腰带上挂一个皮革制成的小袋，这样各种小药瓶、小刀、笔之类的必需品都可以随身携带了。

直到后来衣服上出现了口袋，这种"奥摩尼埃尔"才从生活中消失，取而代之的是女士手袋——因为很长时间内女式服装上是没有设计口袋的。

## ♯ 马衔与马镫筑起的超级帝国

骑马技术的提高，是游牧民族跨时代变化的重要动因。

由于快速移动的能力得到了极大提升，游牧民族所能管理的家畜数量有了飞跃性的增加，人口也开始大量增长。原本一户牧民最多也就管理 100 头牲畜，骑马技术提高后，利用马来放牧，一户牧民管理的牲畜数量可以超过 1000 头。

碰上以步兵和马拉战车为主的农耕文明军队时，游牧民族骑兵的长处更是得到了充分体现。骑兵可以实现高速自如的兵力集中和分散，再配上有效射程达 200 米以上的短弓，对步兵来说具有压倒性的优势。结果就是,位于大草原周边的农业帝国开始面临来自大草原的巨大威胁。

游牧民族一直持续着对安定富饶的农耕社会的入侵和征服运动。中国北方的长城,最初就是为了抵御游牧民族的骑兵而建造的。13 世纪,蒙古人建立了横跨整个欧亚大陆的庞大帝国,游牧民族的势力也达到了顶峰。

骑马技术的革新其实在公元前 1000 年就已经开始,最初的地点是在黑海北岸的草原地带。

住在这片地区的斯基泰人最早发明了马衔与马镳。他们利用马的下颚门牙与后排牙齿之间的缝隙,给马戴上骨制(后进化为青铜制)的马衔。为了让马衔不松动,他们又在马衔的两端金属片上安上马镳,这样就可以控制马匹朝着自己想要的方向奔跑,最终实现自由操纵马匹的目的。

在马衔和马镳的基础上,人们又发明了马鞍与马镫,将骑马技术整合成一套系统。

# 五、马——超级帝国诞生的原动力

## ♯东西跨越 8000 公里的草原和马

在欧亚大陆腹地,有着横跨约 8000 公里的广阔草原。草原上没有什么高山,如果按照每天 200 公里的速度连续疾驰,40 天就可以穿越整片草原。

马本身就可以长距离高速奔跑,只要有效利用马匹的奔跑能力,人们就有可能支配一片广大的区域;而只要掌握了这整片大草原,就可以南下征服农耕社会。

　　成吉思汗(1206—1227 年在位)统一蒙古草原后,将蒙古的骑兵军团按照十进制(千户制)整编。这支强大的骑兵军团将看起来又弱又矮的蒙古马的力量发挥到了极致,给世界史带来了巨大的变化。

　　天天与马为伴的草原游牧民族,其财产就是羊群和马匹。为了方便放牧,他们平日都使用非常简单的家具和随时可以组装拆卸的移动式住房(帐篷),靠着自家的家畜及与农耕社会的人们交换所得的谷物生活。

　　游牧民族的人们从小就在马背上长大。马具和骑马技术发展后,适合马上使用的强力短弓也被发明出来,这几项结合在一起,就诞生了足以压制整个欧亚大陆的骑兵军团。而位于其顶峰的,就是蒙古骑兵军团。

## ♯ 征服整个世界的马背军团

　　在游牧民族的世界里,只要有一个强大的领导者出现,将各个部族统一在一起,就可以建立一个大游牧帝国。领导者为了获

　　得财富,会以保证商道上往来商人们的安全为条件,按照商品价值的十分之一收取税金。这实质上就控制了丝绸之路的草原段。

　　成吉思汗原名铁木真,是出生在蒙古高原上的贵族。在他幼年时期,他的父亲被毒杀,青年时期他一直处于征战当中,1206年,他统一了蒙古高原,被称为"汗",也就是王。

　　成吉思汗在掌握权力的过程中,用十进制创立了可以集权支配骑兵军团的千户制;制定了严格的军规,打造了一支强大的骑兵军团;制定了名为"札撒"的法律,向全体蒙古民众宣告了自己最高权威者的身份。成吉思汗利用蒙古高原上饲养的 60 万头蒙古马,组织了 20 万人的骑兵军团,建起了一个横跨欧亚大陆的蒙古帝国。

　　欧洲人曾用"像老鼠一样"来形容蒙古马。与欧洲其他种类的马匹相比,蒙古马确实身材矮小,力量也不够。但只要掌握了正确的驭马技巧和骑兵作战方法,再配上射程达 200 米以上的短弓,蒙古骑兵就可以爆发出像恶魔一样恐怖的力量。

　　蒙古骑兵们一直生活在自然条件严苛的蒙古高原上,他们可以策马奔驰几天而不进食,甚至可以在马上睡觉。

靠着这样一支骑兵军团，成吉思汗先后灭了西域的西夏（1038—1227 年）和西亚的花刺子模王朝（1077—1231 年），成功控制了整片草原和丝绸之路，为之后庞大帝国的建立奠定了基础。

## ♯ 以草原为"脊梁"的蒙古帝国

成吉思汗去世后，第二代大汗窝阔台时期，蒙古帝国军队打败了曾经控制俄罗斯的基辅罗斯（9—13 世纪）和中国北方的金（1115—1234 年），更在第四代大汗蒙哥时期（1251—1259 年在位）消灭了曾统治整个西亚农耕地区的阿拔斯王朝，正式宣告了欧亚大陆上以伊斯兰文明为统治秩序的时代的结束。

第五代大汗忽必烈时期，南宋灭亡，其全境被划入蒙古帝国的统治范围。

以草原为轴，中亚、伊斯兰世界、南宋都被统合进了蒙古帝国。蒙古帝国在蒙古高原与汉文明交接处建立大都（今北京），又以伊朗西北部的要冲城市大不里士为帝国的另一个中心，从陆海两个维度将整个欧亚大陆统合在了一起。

陆上,帝国推行每隔 40 公里就设立一座驿站的驿传制度,将全国联系在一起;海上,从波斯湾的霍尔木兹到台湾海峡对面的福建泉州一线成为贸易的中心。值得一提的是,这条在帝国保护下发展起来的海上贸易通道,至今仍然非常繁荣。

但好景不长,蒙古帝国陷入了汗位争夺的乱局,加上大城市中安逸的生活极大地消磨了蒙古帝国骑兵的战斗力,帝国很快便走向了灭亡。

# 六、火药——让欧洲掌握无敌超能力的"秘药"

## ♯文明交流孕育出的大炮

对欧洲文明的扩张发挥了巨大作用的,是枪和大炮。

枪打退了游牧骑兵的攻击,而装置在船舷侧面的大炮,则为欧洲人打开了新的海洋世界。

枪和炮都是利用火药爆发力的武器。在中国宋代,就已经出现了用硝石、硫黄、木炭粉混合制作的黑火药。据文献记载,在公元 1000 年左右,一个叫作唐福的人制作出了火球和火枪,并将其献给了当时的皇帝,也就是宋朝第三任皇帝宋真宗。

最初,火药是被填充在竹筒中,作为一种火箭来使用的。

1161 年,南宋军队用一种叫作霹雳炮的武器①击退了金军。后来金又在此基础上进行改良,用铁制容器灌装火药,制作出了最初的火炮,并用它在 1232 年击退了蒙古军队的进攻。

## ♯ 被冠名"中国"的硝石

作为火药主要原料之一的硝石(硝酸钾)刚传入西方世界时,因为其颜色洁白而被波斯人称为"中国盐",又被阿拉伯人称为"中国雪"。

早在唐代,道士们在追求成仙而进行的秘药调和的过程中就发现了火药,宋代将之传承下来。中国古代一直有个说法:将各种矿物经过特殊手段调和服用,可以让人成仙得道。虽说这种成仙的方法一直没能得到证明,但在炼药过程中人们倒是收获了火

---

① 霹雳炮是将火药放入纸制容器中,点火后用投石机打入敌人阵营的武器。

药这项重要的"副产品"。

到了13世纪中期,火药的制法从中国传入欧洲。关于具体的传播途径,现在还没有明确的说法,有人认为是钦察汗国①的创立者拔都在远征俄罗斯期间,经由匈牙利进攻荷兰时传入的,也有人认为是十字军东征时通过伊斯兰世界传入的。

13世纪英国修道士罗杰·培根(Roger Bacon,1214—1293年)在欧洲第一次制造出了火药。

进入14世纪后,英国就开始全面制造火药,德国还建立了专门的火药工厂。使用火药的大炮迅速在欧洲普及,从而在根本上改变了欧洲原本以重装骑士的个人战和厚重城墙防御的城堡战为主的战法。这最直接的结果,就是导致了骑士阶层的没落。

## ♯火枪、大炮与欧洲的兴盛

14世纪初,人们将薄铁板做成圆筒形,架在铁制的架子上固

---

① 钦察汗国(1219—1502年),又称金帐汗国、克普恰克汗国、术赤兀鲁思,是大蒙古国的四大汗国之一。

定住，用来发射石头。这种早期的大炮耐久力很差，经常在发射过程中发生炮筒破裂的事故；而且精准度也很差，在实际作战中主要是用来威吓敌人的。

到了 15 世纪，人们开始在铸造炮筒时加入使炮筒不容易爆裂的青铜和黄铜成分，炮弹也从石头换成了重量达 3 倍以上、更有威力的铁制炮弹。

再然后，人们又在大炮上加上了可以上下调节高度的炮耳，给大炮安装了适合野外作战、可以移动的轮子。在英法百年战争(1337—1453 年)中，攻城用的大炮终于登场，但可惜的是，这时的大炮威力还远远达不到人们的期望。

除大炮外，同时登场的还有"小型大炮"——步枪。但一直到 1325 年左右，步枪还是简化的手持版的大炮，杀伤力和精准度根本无从谈起。步枪真正发挥威力要等到 15 世纪，那时人们终于改良了技术，开始借火药的爆发力将子弹发射到更远的地方。

在 15 世纪中叶的德国，人们发明了一种叫"火枪"(musket)的武器。只要扣动扳机，点着的火绳(事先用硝酸液体浸泡后再晾干的绳子或布条)就会掉进装满火药的火盒，点燃枪体内部的火药,从而发射子弹。

火枪其实是从蒙古传到俄罗斯的火器与欧洲传统的扣动扳机射击的弓弩相结合的产物。两种文化的融合,最终诞生了火枪这种实用性很高的武器。

后来人们又发明了将打火石和回转齿轮相结合,可以单手操控的点火装置,火枪终于可以在实战中发挥它巨大的威力了。

在大航海时代,火枪和大炮对整个欧洲文明的扩张起了非常大的作用。当时独占胡椒贸易的葡萄牙就是通过在船只侧面安装小型大炮,打败伊斯兰势力的。

对葡萄牙来说,大炮就是其进攻亚洲的基石。

而对于进军新大陆的西班牙来说,更是仅仅依靠着枪和炮,就征服了阿兹特克①和印加②两大帝国。

————————————

① 阿兹特克(Azteca)是 14—16 世纪的墨西哥古文明,中美洲古老印第安文明的一部分。1519 年,西班牙开始侵略阿兹特克,使其领土逐渐沦陷。约 1521 年,其领土被全部占领。

② 印加(Inca)是从南美洲西部安第斯山区发展起来的著名印第安文明。15 世纪时势力逐渐强盛,极盛时期的疆界以今秘鲁和玻利维亚为中心,北抵哥伦比亚和厄瓜多尔,南达智利中部和阿根廷北部,首都在秘鲁南部的库斯科。16 世纪初由于内乱日趋衰落,1532 年被西班牙殖民者灭亡。

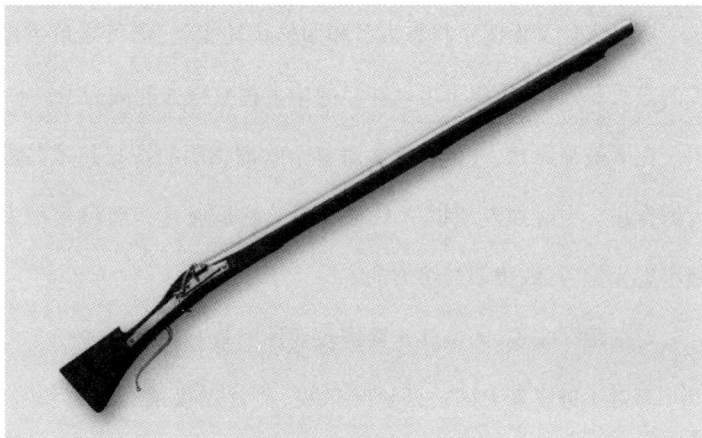

16—17 世纪初的火枪（德国或奥地利制）

# 海洋——新大陆的开发与资本主义经济的发展

\* 历史的大走向——能支配海洋的国家，就能称霸世界

第三章

从 15 世纪开始的大航海时代,是一个由帆船带领人们大规模走向海洋开发的时代。

这时,大规模航海所必需的三个条件已经全部成熟:由于气流运动的规律逐渐被人们掌握,诸多航路已经被成功开拓;可以长距离海洋航行的帆船已经面世;相应的航海技术及航海道具已经比较齐备。

这个时期最重要的航海事件,是对大西洋对岸的新大陆的征服、移民和开拓。在此之前基本与文明社会隔离,从未和其他地区有过交流的南北美洲的各种物品,在短时间内迅速被传播到欧亚大陆和非洲，极大地影响了当地的物种构成、物品体系，甚至生活秩序。

新大陆与旧大陆之间的这场大规模的"相互移植"，被人们称作"哥伦布大交换"，给整个世界的物品体系带来了巨大的变化。

特别是对于征服这片新大陆的欧洲人来说，为殖民者提供各类产品的大农场和大牧场在美洲大陆上迅速发展，真正把这片大陆变成了"新"大陆。

大航海时代的物品交流与之前欧亚大陆上由游牧民族主导的物品交流过程不同，是改变整个地球生态系统的一次规模宏大的物种迁移。

17、18 世纪欧洲人大规模移居美洲大陆，这片新大陆俨然变成了第二个欧洲。原住民们使用的各类物品与欧洲人带来的各类物品相融合，一场文化和文明的大规模变迁由此开始。

当时的欧洲，由于大部分地区位于寒冷地带，物产其实很有限，自身的物品体系较为贫乏，而随着欧洲、美洲之间交易的进一步深入，各类热带、亚热带、温带产出的物品开始作为商品大量进入欧洲。

　　同时欧洲的各类手工业制品也开始向美洲输出,大量的交易从整体上助力了资本主义经济体系的诞生。

　　到了 18 世纪,库克的三次航海先后发现了澳大利亚、新西兰等诸多太平洋上的大陆、岛屿,太平洋的轮廓开始越来越清晰,而这些地区也都被先后并入欧洲文明的世界。

# 一、轻帆船——从一片三角帆开始的大航海时代

## ♯大航海时代的海——大西洋

大航海时代开启的契机,是人们对之前从未探索过的大西洋的开拓。这个时代,是属于欧洲的海洋时代。

开启大航海时代之后,欧洲进入了"海洋霸权"时代,也就是说,只有掌握了海上霸权的国家,才可以主导欧洲政治。

大航海时代的先驱国,是欧洲的小国葡萄牙,而支撑葡萄牙的航海活动的,则是从伊斯兰世界的单桅帆船进化而来的轻帆

船。伊斯兰世界里的这一片三角帆，曾撑起过亚洲的航海时代，很大程度上改变了世界的面貌，而欧洲的轻帆船就是采用了"三角帆"这一最重要的构造而建造出的新式航海用船。

面积约 8000 万平方公里的大西洋，曾被欧洲人称为"阿特拉斯海"，在人们心中曾是一片神话之海。

阿特拉斯属于希腊神话中曾进攻奥林匹斯山的泰坦神族，他被宙斯惩罚用双肩扛起整个天空。位于地中海西口的北非最高峰，海拔 4167 米的图卜卡勒峰所在的阿特拉斯山脉，就被看作是他的化身。而大西洋由于和地中海周边各个地区相接，也被赋予了这一神话的色彩。英语中称大西洋为"Atlantic Ocean"，就是来自阿特拉斯(Atlas)之名。

最初开始着手大西洋航路开发的，是葡萄牙南部的阿尔加维①。阿尔加维位于欧洲与非洲、地中海与大西洋交界的十字路口处，与西班牙的安达卢西亚一样，都是伊斯兰教徒集中居住的区域。当时它的统治者，就是被后世称为葡萄牙"航海王子"的亨

① 阿尔加维：中世纪的摩尔人王国，位于现在的葡萄牙南部，1251 年被阿方索三世(1210—1279 年)征服。

利王子[1]。

## ♯轻帆船与非洲西岸航路

亨利王子为了在与伊斯兰教徒的战争中取得胜利,企图占领摩洛哥,从而与非洲内陆的传说中的"祭司王约翰(Prester John)之国"[2]联手。从 15 世纪中叶起,他就命人在非洲西岸开始了有组织的探险活动。

亨利王子在葡萄牙南部的萨格里什建立了造船厂和航海士学校等,招收意大利和伊斯兰出身的水手,教授他们各种航海技术和知识。

从这些学校出来的勇敢的水手们,驾驶着挂着三角帆的轻帆

---

① 亨利王子(1394—1460 年),葡萄牙亲王、航海家,因设立航海学校、奖励航海事业而被称为"航海王子"。

② 祭司王约翰的传说,于 12—17 世纪盛行于欧洲,内容是传闻在东方充斥穆斯林和异教徒的地区,存在一个由基督教祭司兼皇帝统治的神秘国度。中世纪流行的多部虚构作品中都有关于这个王国的记载。

船，手拿从中国传来的指南针，开始一点点延伸非洲西岸的航路。

他们的探险之路中，首先要克服的就是从摩洛哥吹来的终年不息的强风。因为这股强风的存在，返回葡萄牙的航程需要顶风而上，是非常困难的。但轻帆船即使在逆风中也可以顶风前进，在这段航程中起到了非常重要的作用。

1488 年，葡萄牙航海家巴尔托洛梅乌·迪亚士[①]到达非洲最南端的好望角。

10 年后，瓦斯科·达·伽马[②]率领的舰队（4 艘船，约 170 人）在阿拉伯导航员的带领下到达印度的卡利卡特。这次航海过程非常艰苦，最后回国的仅有不到 60 人。但在这次航海中，他们购买的大量胡椒由于没有伊斯兰商人参与加价而极为便宜，为葡萄牙王室赚得了多达整个航海费用的 60 倍的巨大财富。

葡萄牙在 1510 年征服了印度西岸的果阿，并在此建立据点

---

① 巴尔托洛梅乌·迪亚士（Bartholmeu Dias，约 1450—1500 年），葡萄牙著名航海家，因最早探险至非洲最南端的好望角而闻名于世。

② 瓦斯科·达·伽马（Vasco da Gama，约 1469—1524 年），葡萄牙航海家、探险家，从欧洲绕好望角到印度的海上航路（欧印航路）的开拓者。

(最兴盛的 16 世纪后期到 17 世纪,人口约有 20 万);1511 年占领了马六甲海峡的要塞之地马六甲,势力开始向马鲁古群岛及东亚扩张。

到了 1553 年,葡萄牙以支援征讨海盗为名,得到了在广州湾附近的澳门的居住权,进一步加强了与中国和日本之间的贸易往来。

## ♯与新大陆擦肩而过的哥伦布

大航海时代的名人中,一定会被提到的是哥伦布。哥伦布由于信奉托斯卡内利的"地球是圆的"论点而开始了横渡大西洋的航海活动,想到亚洲来独占传说中的"遍地黄金"。

葡萄牙航海家迪亚士到达非洲最南端的消息给了哥伦布很大的刺激,让他更焦急地想要开始自己的航程。

1492 年,他终于成功获得了西班牙国王斐迪南二世的支持,开始了自己的航海之旅。

哥伦布率领的舰队由 3 艘帆船组成,旗舰为"圣玛丽亚"号,共有船员 87 人。他们从西班牙巴罗斯港出发,经历 70 余日的航行,到达加勒比海中的巴哈马群岛,并将它命名为"圣萨尔瓦多"("救世主"之意)。此次出航虽然未达他的初衷,却在实际上开通了横跨大西洋的新航路。

由于哥伦布将整个地球的大小错算了一圈,因此他从没想过可能有新大陆的存在。

哥伦布曾乘坐的轻帆船"圣玛丽亚"号（1493 年绘）

# 二、番茄与可可豆——新大陆带给世界的新食材

## ♯ 给人们的饮食生活带来剧变的物品交流

在大航海时代,新大陆和旧大陆之间的物品交流每天都在发生。以世界史视角来看这个时期,它以短时间内大量物品的大规模交流为最大特点,甚至诞生了"哥伦布大交换"这一词语。

就算只看植物这一个方面,这个时期传入欧洲和亚洲的植物就有玉米、马铃薯、番薯、木薯、番茄、青椒、南瓜、辣椒、向日葵、可可、香草、菠萝等。这些植物被广泛传播到欧亚地区,给这些地区

人们的餐桌带来了巨大的变化。

特别是在贫瘠的土地上也可以栽种的玉米和马铃薯解决了欧洲的粮食不足问题,极大地促进了欧洲的安定;而作为救荒食物栽种的番薯也促进了东亚人口的增长。

另一方面,小麦、羊、牛、马等物种也从旧大陆传入新大陆,亚洲出产的甘蔗、蓼蓝、棉花等经济作物也开始在美洲大陆广泛种植,直接带动了资本主义的快速发展。

这里,我们就来看看番茄和可可是如何改变世界的。

## ♯ 被误解的番茄

番茄属茄科,原产于南美洲的安第斯高地。传入墨西哥高原后成为阿兹特克人的种植作物,被称为"太阳的礼物"。

在大航海时代,番茄渡过大西洋传到西班牙,西班牙人称之为"黄金苹果"。

但是在很长一段时间里,欧洲人只是将番茄看作一种观赏植物,并不将其视为可食用的作物。更令人惊讶的是,当时很多医生还认为番茄具有神奇的药用效果,觉得它是一种蕴含神秘力量的果实。

英国的番茄栽种记录最早可以追溯到 1596 年,当时的英国人将其看作一种补充精力的药物,甚至是催淫植物。当时英国人称番茄为"爱情果"(love apple),所以后来美国人认为番茄可以给人提供像狼一样的精力,将其称为"狼果"(wolf apple)。甚至到了英国清教徒革命后的克伦威尔执政时期,由于当权者觉得番茄是一种催淫植物,还曾下令禁止种植番茄。

一直到 17 世纪之后,番茄才在气候温暖,适合大量露天栽种的意大利正式栽培、推广。

18 世纪初,西西里岛已经成为世界上最大的番茄种植地。这里的人们还从番茄种子中提炼精油来制作肥皂。

到了 1800 年前后,意大利人已经习惯于在意大利面中使用番茄酱了,在比萨上添加番茄酱也成了很普遍的饮食习惯。番茄正式成为意大利料理中一种不可或缺的食材。

## ♯ 被当作货币使用的可可

原产于亚马孙流域的可可是制作巧克力的原料。

"可可"(cacao)这个名称来源于当地土著阿兹特克人和玛雅人，他们称这种植物为"cacau"，西班牙人误听成"cacao"，以讹传讹，最终定为现在的名称。

可可的全称为"Theobroma cacao"，其中"Theo"意为"神"，"broma"意为"食物"，全名即为"神的食物"。

在阿兹特克帝国时代，可可豆曾被当作货币使用。当时 100 颗可可豆可以交换到一名奴隶，可以说价值较高了。

1521 年，西班牙的科尔特斯①征服了曾荣耀整个墨西哥高原的阿兹特克帝国。此后，在阿兹特克流行的，以可可为主要原材料的饮料——巧克力才开始经由西班牙进入欧洲。

---

① 科尔特斯，全名埃尔南·科尔特斯(Hernán Cortés，1485—1547 年)，西班牙军事家、征服者，曾率领探险队入侵包括现墨西哥、危地马拉在内的诸多南美国家。

　　很快,巧克力就在西班牙贵族之间流行起来。和原本阿兹特克人的饮用方法不同,西班牙人没有在可可粉中加入辣椒,而是加入香草和砂糖,基本上和现在的巧克力饮料相同。

　　17 世纪初,西班牙公主安妮①在嫁给法国国王路易十三时将巧克力带入法国。很快,喝巧克力饮料这一风尚开始席卷法国和意大利。

　　到了 18 世纪前叶,欧洲人开始在西非的葡萄牙殖民地圣多美岛上种植可可,后又推广到西非其他地区。现在我们熟悉的很多巧克力,都是由非洲出产的可可制成的。

---

　　① 安妮(Anne d'Autriche,1601—1666 年),西班牙国王腓力三世之女,法国国王路易十三的王后(1615—1643 年),路易十四的母亲。

# 三、白银——连接全世界的新大陆产品

## ♯流淌在伊斯兰世界中的白银

银作为货币的时代大约持续了 4000 年。

在伊斯兰文明主导欧亚大陆经济的时代,主要的通货就是重量为 2.97 克的迪尔汗①银币。

---

① 迪尔汗(dirham)之名来源于希腊的货币名称"德拉克马"(drachm),此处指的是阿拉伯帝国当时使用的银币,并不是现在阿联酋的通行货币迪尔汗。当时阿拉伯帝国还有一种重 4.25 克,被称为第纳尔的金币。两者同为主要流通货币。

当时,银属于贵金属,炼金术士们都用"月"来指代银。伊朗东北部和西土耳其斯坦①是阿拉伯帝国主要的银产地,每年可出产 150～180 吨白银。

但随着经济规模的扩大,银矿矿脉枯竭,用来冶炼的木材也供不应求。10 世纪之后,整个伊斯兰世界就一直陷在白银不足的困境中。

元朝建立后,由于统治者蒙古人和伊斯兰世界关系密切,有大批伊斯兰教徒迁徙到中国白银主产地——云南进行银矿挖掘。这样每年从中国流向伊斯兰世界的白银有 10 吨左右。

欧洲也是一样。在德国南部地区挖掘的白银,大部分都用于购买胡椒等香料。这些香料是通过威尼斯商人等运送到埃及进行交易的,买卖所得的白银自然也流向了伊斯兰世界。

总的来说,在 13—14 世纪前后,全世界的白银都在朝着当时世界经济的中心——伊斯兰世界流动。

---

① 西土耳其斯坦:历史上指中亚东起天山西麓,西达里海,北抵哈萨克斯坦南部和东南部,南至兴都库什山的地区。

## ♯ 欧洲长期的银价下跌

给原本的白银流通带来剧变的,是新大陆上大量低价白银的出现。

1545 年,西班牙人发现玻利维亚的波托西山盛产白银,1546 年又发现了墨西哥的萨卡特卡斯银矿。加上使用水银的汞合金精炼法,以及人们越来越熟练地使用水车,银矿石冶炼变得越来越容易,大量低价的白银开始源源不断流向欧洲。

虽然现在关于具体数字还没有定论,但是有学者认为从 1503 年到 1660 年间,有多达 15000 吨白银从新大陆被运往当时西班牙的塞维利亚港。

这样大量的白银流入直接造成了欧洲的银价暴跌。其结果就是,从 16 世纪到 17 世纪上半叶,欧洲的商品价格翻了三四倍,这一变动也被称为“价格革命”。

## ♯白银流向中国

葡萄牙带着从新大陆获得的大量低价白银,开始了和西亚、印度、中国的贸易活动。可以说,从这些贸易一开始,葡萄牙就已占尽先机。

16世纪,随着日本石见银山被发现并开掘,日本一跃成为白银产量占全世界三分之一的产银大国,而这些白银也被葡萄牙人拿来作为与中国贸易的资本。

到了16世纪后半叶,西班牙人正式开通了从墨西哥的阿卡普尔科到马六甲之间的航线。大型帆船定期往返两个大洲之间,将新大陆的低价白银直接运往亚洲。

中国福建的商船也通过台湾海峡到达马六甲,将丝绸、陶瓷等丰富的中国特产与葡萄牙人的低价白银进行交换。当时的马尼拉是世界性的大贸易港。

白银的流通至此出现了新的模式,大量白银持续流向中国。

对于当时的中国来说,这是求之不得的好事。宋朝之后,中国一直苦于铜不足,只能用纸币(交子、交钞)取代铜钱来度过通货危机。

当时的明王朝将一直以来用作租税货币的铜钱改成了白银。到了 16 世纪末,更推行"一条鞭法",把土地税、人头税等全都合并在一起,统一用白银计算征缴。

明朝灭亡后,后继的清朝也继承了这项政策,推行"地丁银"制度。

# 四、砂糖——让资本主义迅速兴起的调味料

## ♯《鲁滨孙漂流记》与糖

现在已经深深扎根于人类社会的资本主义经济,最早诞生于大西洋周边地区。以欧洲为中心出现的大西洋贸易圈是催生资本主义经济的最初的土壤。

而直接促进这一新经济发展的,是当时可以迅速带来财富的商品——砂糖。

当时实际从事砂糖生产的多为黑奴,所以砂糖业一直与黑奴

贸易有着密不可分的联系。

在英国小说家丹尼尔·笛福于 1719 年创作的小说《鲁滨孙漂流记》中，主人公鲁滨孙因为乘坐的船只在风暴中触礁，只身一人流落荒岛，他靠着不屈的精神战胜了孤独和诸多困难，在孤岛上生活了 28 年。在笛福的这部小说中，主人公鲁滨孙·克鲁索是一名在巴西做农场主的英国人，因为自己的农场中奴隶不够，为购买黑奴而乘船前往非洲的几内亚，而海难就发生在他赴几内亚的途中。

荷兰等地的新教徒称人生为"渡海"，他们渡过世界这片海洋，与完全未知的人群做生意——其实《鲁滨孙漂流记》就是将这种生活方式小说化的成果。

然而值得我们注意的是，鲁滨孙之所以会乘船出海，正是因为黑奴不足而想到非洲购买奴隶。

## ♯ 从甘蔗上开出的资本主义之花

那么，为什么农场主们如此需要奴隶呢？

17 世纪西班牙人进入拉丁美洲时带去了天花。这种疾病流行开,导致当地的土著居民大量死亡。到疫病被控制住时,只有约二十分之一的土著人活了下来,这极大地便利了西班牙人和葡萄牙人占领当地的大片土地。

当时美洲大陆上的许多经济作物都是以欧洲为目标市场而种植的,其中最重要的就是用来提炼砂糖的甘蔗。

最初,甘蔗的种植仅限于葡萄牙人在巴西的种植园。到了 17 世纪,荷兰人在南美洲东北岸的圭亚那,英国人和法国人在加勒比海的西印度群岛也分别开始种植甘蔗。

随着甘蔗种植的大规模推广,砂糖也开始从奢侈品变成大众生活中的一种嗜好品。

以英国为例。1600 年英国人均砂糖消费量仅为 400～500 克/年;进入 17 世纪后,人均消费量增长到 2 千克/年;而到了 18 世纪,更是激增到 8 千克/年之多。砂糖走向大众的过程可谓清晰可见。

而且,砂糖消费的扩大并不是单独存在的,这一阶段砂糖消费量的增加,直接影响了之后亚洲的红茶和咖啡等产品的消费。

## ♯靠奴隶劳动支撑的糖产业

通常情况下，甘蔗从种植到成熟需要一年半的时间，通过调整种植时间，可以实现常年不间断的种植。甘蔗的特性之一，是收割后其甜度会快速下降，所以在收割后的短时间内，需要大量劳动力集中参与。

由于土著居民数量的骤减，对于各大农场主来说，保证黑奴的数量就成了首要的大事。可以说，只要有足够的黑奴，就可以保证获得巨大的利润。

在砂糖的生产过程中，100 个劳动力的年产出量约为 80 吨。据当时居住在加勒比海巴巴多斯的英国人的信件内容可知，一名黑人奴隶劳动一年半创造的利润就可以抵销其成本。当时英国的利物浦港、法国的南特港都是黑奴贸易的中心港口。

在这种情况下，一种被称为"三角贸易"的贸易形态开始逐渐成形：西欧人用火器、日用品和其他杂货到西非地区换取奴隶，这些奴隶和西欧生产的工业制品一起被送到美洲以换取砂糖、烟草等农产品。

围绕着大西洋地区的此类大规模贸易不仅为掌握着贸易主动权的英国送去了巨大的财富,而且使"资本主义"这种新兴的经济体系诞生于其间。

# 五、郁金香——荷兰经济的光明与黑暗

## ♯ 让人疯狂的"宫廷之花"

要说找一件东西代表 17 世纪荷兰社会泡沫经济的兴起和崩溃，那没有什么比荷兰国花郁金香更合适了。

如果我们将世界上第一家股份有限公司东印度公司作为当时荷兰人的"正面"象征，那么其"背面"就该是郁金香。

当时欧洲庭院中种植的花大部分都是从地中海东部引入的，荣耀一时的奥斯曼帝国就曾风行园艺。其中最受追捧的就是原本产自地中海中部的郁金香，人们称之为"宫廷之花"，对其非常喜爱。

郁金香被传入欧洲后，经过品种改良，种类增加到 2000 种以上。这种盛开时鲜艳华丽的花，成为当时的"暴发户"荷兰人的最爱。

商人们纷纷奔赴伊斯坦布尔，不分季节地争购郁金香。郁金香之名也是因为欧洲人看其花形类似伊斯兰教徒的头巾(土耳其语 tulbend，拉丁语为 tulipa)，而将其命名为"tulip"。

## ♯ 历史上第一次泡沫经济

17 世纪被称为"荷兰的黄金时代"。在当时的荷兰，郁金香栽培十分盛行，更有人花重金收购郁金香的球茎。

从 1634 年到 1637 年，荷兰爆发了"郁金香狂热"，人们争相花大价钱购买郁金香球茎用于投资，一时间郁金香价格急剧攀升。

有文献记载，当时一种因感染蚜虫病菌而发生变异，花瓣上出现斑点的"碎色郁金香"①,曾创下过一个球茎价值 3000 荷兰盾的交易纪录。当时的 3000 荷兰盾相当于一个富裕商人一年的收入。

当时的郁金香球茎交易很少有实物交易,基本都是期货交易,可以说是经济急速膨胀、财富大量增长后才会出现的一种特殊的经济现象。

到了 1637 年 2 月,一直居高不下的郁金香价格突然开始"跳水"。

而郁金香的价格之所以下跌,其中一个原因就是荷兰政府制定了法律来限制郁金香的交易价格。

一旦价格开始下跌,就有更多人因为恐慌而低价抛售手中的郁金香球茎,许多人因此破产,价格差距太大导致的贸易纠纷也开始频发。

荷兰的这次"郁金香泡沫",被称为历史上第一次泡沫经济。

现在郁金香种植已经成为支撑荷兰国民经济的重要产业,郁

---

① 原名 broken tulip,也被称为"破碎郁金香"。

金香球茎也是荷兰出口的重要产品。谁又能想到，它曾经给荷兰经济带来过如此可怕的灾难。

## ♯世界上第一家股份有限公司的成功

现在我们的经济活动多是围绕着一个个股份有限公司在进行。股份有限公司本质上就是以营利为目的，将利润分配给各个出资者的组织。

而世界上第一家股份有限公司就是荷兰东印度公司。

荷兰东印度公司成立于 1602 年，主要在好望角和马六甲海峡间的广阔区域内进行贸易活动，拥有包括贸易、殖民、军事在内诸多方面的独家特权。荷兰的水手和商人们将自己远赴重洋获得的财产集中在一起办了这家公司，初始资本就有 650 万弗罗林[①]，其中来自阿姆斯特丹的就占了 370 万弗罗林。

———————————

① florin，当时欧洲流通的一种金币。1252 年在热那亚和佛罗伦萨开始铸造，重 3.5 克左右，足金。

小扬·勃鲁盖尔创作的讽刺画，画中将投资者喻为猴子。

　　荷兰东印度公司靠着大量武装舰船和强大的海军背景，从葡萄牙人手中夺来了海上贸易权，逐渐将爪哇、苏门答腊、马鲁古群岛、马六甲、锡兰(斯里兰卡)等地圈入自己的势力范围。

　　1619 年，荷兰东印度公司在爪哇的巴达维亚(今雅加达)建立了自己的据点，又在马鲁古群岛、西里伯斯岛(苏拉威西岛)、巽他群岛、马六甲、暹罗(泰国)、锡兰、印度东岸、印度西岸等地建立分公司，垄断了丁香、肉豆蔻、肉桂等商品的交易。

　　由于公司取得了巨大的利润，原本约定的支付给股东每年 3.5％的利息一直上涨，到了 1606 年已经高达 75％。在短短 4 年之间，总资本额翻了 4.6 倍。

　　从 1602 年到 1696 年，东印度公司支付给股东的股息平均每年为 20％，有的年份甚至超过 50％。对股东来说，它简直是优秀企业。

　　在鼎盛期的 1669 年，东印度公司拥有战舰 40 艘、商船 150 艘，军队人数在 10000 人以上，毫无疑问是当时世界第一大公司。

　　18 世纪后，随着荷兰帝国的衰弱，荷兰东印度公司也开始衰退。1799 年法国大革命期间，它宣告解散。

# 六、鲱鱼与绵羊——荷兰与英国的霸权之争

## ♯ 支撑起阿姆斯特丹繁荣的鲱鱼

继西班牙和葡萄牙之后,称得上欧洲海上霸权国家的是荷兰和英国。

支撑起两国繁荣经济的,分别是鲱鱼捕捞业和羊毛纺织业。荷兰和英国就是以鲱鱼和羊毛带来的财富为武器,来争夺欧洲海上霸权的。

17 世纪也被称为"荷兰的黄金时代"。当时荷兰的首都阿姆

斯特丹是世界上最繁忙的转运港，从新大陆运来的白银、从亚洲运来的香料和欧洲各地的物产齐聚于此。

支撑荷兰发展的，是连接亚洲、新大陆、欧洲各地的海运业。

1605 年，荷兰拥有的船只数量达 16000 艘，船员约有 163000 人。此时荷兰拥有的船只数量是英国的四五倍，比英国、西班牙、葡萄牙、德意志联邦的总和还要多。

荷兰人为了运输更多货物，建造了一批吃水更浅、船身更宽、拥有三根船桅的船只，载重量为 100～900 吨。将这种船用于海运，可以将运费节省到别国的一半以下。荷兰因此迅速掌握了欧洲的海运霸权。

可以说，正是荷兰高效率的造船业，将其送上了世界第一海运强国的宝座。

当时的荷兰一年可以制造 2000 艘以上的船只，而且由于生产过程标准化，生产成本很低。17 世纪末，荷兰的造船成本仅为英国的 40%～50%。

而荷兰的造船业之所以如此发达，归根结底还是因为欧洲人冬天爱吃的身长约为 30 厘米的鲱鱼。

荷兰人在每年的 1 月到 3 月间于波罗的海西部的渔场集中捕获鲱鱼,将其用盐或醋腌制后运往欧洲各地。

这些为捕捞鲱鱼而建造的大量渔船,为后来荷兰造船业的发展奠定了坚实的基础。

阿姆斯特丹的居民也以此为荣,有"阿姆斯特丹都是由鲱鱼鱼骨搭建而成"的说法。

## ♯吃人的羊?

随着大西洋周边地区商业贸易的繁荣,作为欧洲支柱产业之一的羊毛纺织业,其输出量也开始增加。中世纪以来,欧洲的羊毛生产中心位于英国,而羊毛纺织中心则是佛兰德地区[①]。

14 世纪后,英国人学习了佛兰德地区的羊毛纺织技术,开始建立自己的羊毛纺织工业。到 16 世纪,英国人已经可以独立制造出品质很高的羊毛织品了。就算在英国农村,简单的毛纺织作

---

① 历史上的佛兰德地区面积比现在广阔,不仅包括现在的比利时西部,还包括法国北部和荷兰南部的部分地区。

坊也随处可见。

英语中意为羊毛织物的单词"worsted"其实来自于英国传统出产高品质羊毛织品的城市之名。

16 世纪的英国，因为羊毛织品产量的急速增长，羊毛价格急速上升，地主们纷纷逼迫农民出让土地，将兼并来的大量土地变成牧羊用地，史称"第一次圈地运动"。

当时的思想家托马斯·莫尔①有一句名言来形容这场将贫穷农民的土地抢夺来用以牧羊的运动："在英国，贪婪的羊在吃人。"

与此同时，英国政府开始利用私掠船②抢夺大西洋上往来的西班牙运银船只。

1588 年，西班牙组建了由 130 艘船、10000 名船员组成的"无敌舰队"，想要报复英国的抢掠。然而这支舰队在直布罗陀海峡被英国击败。从此，英国取代西班牙成为新一代欧洲海上霸权国家。

---

① 托马斯·莫尔(St. Thomas More，1478—1535 年)，英国思想家、政治家、作家。他是著名的空想共产主义者，著名的《乌托邦》一书的作者。

② 获得国家授权可以配备武装的民用船只，用来攻击他国的商船，其本质是国家支持的海盗行为。

# 七、保险——为何诞生于咖啡馆？

## ♯故事开始于一杯咖啡

要追寻保险业的起源,需要到伦敦看看。

现在各种保险的雏形,都诞生于 17 世纪后半叶到 18 世纪的英国。

当时英国通过三次英荷战争,打败了荷兰,掌握了欧洲海上霸权,从而掌握了欧洲的经济主导权。在这一背景下,现代保险业诞生了。

保险的本质就是众多的人和组织为了规避将来可能发生的风险和损失，事先共同支付一定的费用来相互保障和补偿的制度。对于保险业来说，最重要的就是概率计算和合作机制。而频繁的经济活动所带来的高风险及城市生活是保险业诞生的温床。

但要说保险业，必须先从咖啡和咖啡馆说起。

喝咖啡作为一种习惯从 17 世纪开始，由伊斯兰国家传入欧洲，此后迅速普及到欧洲各个国家。这一风潮自然带来了一种特有的社交场所——咖啡馆。到 17 世纪，单伦敦就有 3000 家以上的咖啡馆。

咖啡馆一开始只是人们谈笑、议论、消磨时间的场所，后来因为人气很旺，成为人们交换信息的固定场所，再后来，甚至成了政治活动等各种集会的场所。

为了镇压反国王势力，1675 年 12 月，英国当时的国王查尔斯二世甚至颁布法令禁止经营咖啡馆和茶室。但由于民众反对意见太大，这道敕令仅实施了 11 天就被废止了。

英国著名的会员制船舶保险集团劳埃德（Lloyd's）就诞生于 17 世纪后半期伦敦港边的一家咖啡馆——"劳埃德咖啡馆"

（Lloyd's Coffee）。

当时的航海活动充满了各种危险，人们希望在发生不测的时候规避一些经济风险，因此对保险的需求渐渐增强。

船主、保险业从业者、雇船的商人于是齐聚在劳埃德咖啡馆，进行关于海上保险的交易。店主劳埃德去世后，从事保险交易的人们就将这项保险交易的业务正式从咖啡馆分离出来，建立了专门的船舶保险集团劳埃德公司。

18世纪，英国人在世界各地的航海贸易活动非常频繁，伦敦也成为航海信息的集散地。由于伦敦是航海信息的中心，在这里可以得到准确度最高的航海危险率预测，所以在很长一段时间里，英国都是海上保险最发达的国家。

## ♯火灾保险和人寿保险的诞生

其实火灾保险的诞生也源于当时居住密度过大的巨型城市伦敦。

1667年，也就是1666年伦敦大火之后一年，居住在伦敦的医生尼古拉·巴蓬为了降低将来可能发生的火灾给居民们造成的损失，独自出资筹办了一项针对建筑物火灾的保险事业。

巴蓬医生的这项事业获得了事先未预料到的巨大收益。到了1680年，又有两名投资人加入，"火灾保险工作室"（Fire Office）成立，近代意义上的火灾保险事业正式开启。为了减少支出，他们还建立了自己的消防队以应对伦敦市内的火灾。

近代意义上的消防系统的建立，还要等到工业革命后的1865年。这一年，伦敦组建了"伦敦大都市消防队"。

而近代意义上的人寿保险，其发源地同样在英国。

英国各地原本就有在熟识的人去世时帮助对方家人安排下葬事宜的传统。但是就保险业来说，还缺一项非常重要的概率计算，即通过受保者的年龄推算其死亡概率，从而计算保费。

1693年，英国天文学家哈雷[1]通过统计德国某地5年内的出生和死亡记录，推算出了每个年龄对应的死亡概率。很快，哈雷

---

① 埃德蒙·哈雷（Edmond Halley，1656—1742年），出生于英国伦敦，英国天文学家、地理学家、数学家、气象学家和物理学家。他一生成就斐然，最著名的成就是正确预言了那颗现被称为"哈雷"的彗星的周期性回归。

的统计结果就被作为计算人寿保险保费的合理标准而投入使用。

工业革命开始后的 1762 年,英国最早的人寿保险公司"公平人寿保险公司"(The Equitable Life Assurance Society)成立。公司成立之初,只为富裕阶层提供保险服务;19 世纪中期后,开设了针对普通劳动者的小额简易人寿保险,从而大大扩大了受保范围。

# 工业城市——工业革命带来的历史大变动

★历史的大走向——发源于欧洲的工业革命与世界版图的大变动

第四章

工业革命中诞生了许多现代工业文明的标志性产物：蒸汽机、各类机械、大型车间、铁路、蒸汽船等。这些充满力量的物品和装置组成了一个整体，占据了工业文明的中心位置。

工业革命之后，城市渐渐取代农村，成为各类物品集中诞生的大车间。人口密集的工业城市陆续出现，成为支撑人类社会的主要力量。

这种"城市化"生活的一个重要特点就是，从自然界可直接获得的物品在日常生活中渐渐退居次要位置，而通过工厂加工、生产获得的工业产品开始成为生活的焦点。

而随着城市机能的飞跃式提升和城市人口的爆炸性增长，人们需要相应的社会制度系统来应对一系列新出现的问题，一些人类历史上从未有过的制度慢慢登上历史舞台。

这些新出现的制度，最终在"近代国家"和"国民经济"这两个大系统下实现了有机统合。

工业革命中，蒸汽机的不断高效化和小型化，让铁路网和蒸汽船网很快从英国被推广到全欧洲，进而又推广到全世界。和原本利用畜力和风力的交通网相比，蒸汽机构筑的交通网既高速又稳定，第一次实现了全球覆盖。

毋庸置疑，掌握着这一交通网络主导权的，正是最早出现新型社会模式的欧洲。而在这一交通网力量的推动下，全世界各式各样的物品开始向欧洲流动，而欧洲生产的数量巨大的各类工业制品也开始被快速推向世界的各个角落。而且，由于开发出了强有力的武器，欧洲人开始向亚洲和非洲推行大规模侵略活动。广大的"欧洲属国"和殖民地的出现客观上也推动了世界的一体化进程。

整个 19 世纪最值得我们关注的现象，就是世界范围内欧洲人的大移民，以及随之而来的北美洲、南美洲、澳大利亚的全面开发。在这种大规模开发下，出现了数量众多、规模巨大的大农场、大牧场、大矿山。野牛、鲸、海獭等生存在世界各地的野生动物被大量捕杀，人类开始在各个地区建立自己的大型粮仓。

而让这一切变为可能的，正是机器、铁路、蒸汽船、海底电缆、食物的冷冻运输技术等工业革命下诞生的新事物。

# 一、国旗——从王族、贵族的纹章到国家的象征

## ♯国旗的象征意义

每一件物品,都可以被赋予一定的象征意义。就一个国家来说,如此复杂的组织自然存在诸多解释的可能性,所以更需要一个象征性的物品来聚拢民众。这种思考方式下诞生的物品,就是"国旗"。

近代国家的诞生是以欧洲主权国家的诞生为基础的。后经过美国独立战争和法国大革命,国家主权由君主移向国会,才真

正出现了"人工"的国家系统。议会、政府、法院、警察、军队等机构，都是支撑这个系统的重要力量。

而近代国家的概念也通过对人权、主权在民、民主主义等理念的阐释，开始向全世界推广。

在这个过程中，国旗就作为一种聚拢民众的象征，开始在全球普及。

近代国家的概念在欧洲、美国普及的时间段约是 18 世纪后期到 19 世纪，而在亚洲、非洲等地区被广泛认知则要等到第二次世界大战之后。

要认识近代国家，最简单的象征物就是"国旗"了。

一个国家的"主人"从国王变为议会，在这一权力转移的过程中，"新的政治体系"（即近代国家）被创造出来。这一政治体系在全球迅速推广，其最显著的象征就是一面面升起的国旗。

从这个意义上来说，国旗和从前王族、贵族的家纹及家徽等一样，都象征着主权、信仰及凝聚力。

## ♯美国的星条旗和法国的三色旗

美利坚合众国的国旗星条旗(Stars and Stripes)的正式确定是在 1777 年 6 月 14 日。但其实在前一年的 1776 年,美国 13 处殖民地宣告独立时,就已经设计制造了以蓝色为底,13 颗白色星星按圆形排列的"星条旗"。

而像现在这样左上方以蓝底配白色星星,其他部分以红底配白色横条的星条旗,则有着更为复杂的含义。美国历史上第一位总统华盛顿曾就国旗的设计作过阐述,星条旗中的红色指代英国,而白色指美国从母国英国独立出去获得自由。

美利坚合众国 13 个州的凝聚,以及在英国殖民统治下反抗求取独立的征程和政治理念,都反映在这面国旗中。

但随着美国逐渐强大,更多的州加入合众国,红白条渐渐变得过于密集,所以后来的美国国旗就将首先宣告独立的 13 个州用 13 条红白条表示,星星则代表包括之后加入的州在内的共 50 个州。

罗斯夫人①（右侧）展示受华盛顿（最左）委托制作的星条旗

————————

① 美国一直流传着一个说法，第一面星条旗是华盛顿委托当时的名裁缝贝特西·罗斯（Betsy Ross）缝制的。但这个说法只是贝特西·罗斯本人的一面之词，没有任何其他证据佐证。

在 1789 年轰轰烈烈的法国大革命中,诞生了最早的近代国家的雏形。而法国的国旗,就是在大革命最激烈的时候诞生的。

巴士底狱被攻陷后,控制巴黎的国民军总司令拉法耶特设计了一个徽章佩戴在国民军的军帽之上。徽章采用巴黎的代表色蓝色和红色,中间夹着波旁王朝的代表色白色。

拉法耶特设计的这个徽章被认为是现在法国国旗三色旗(Tricolore)的前身。法国的国家治理理念也渐渐融入三色旗,三色旗中的三种颜色被人们认为代表了自由、平等和博爱。

# 二、棉布——引发工业革命的亚热带布匹

## ♯ 在大西洋周边大受欢迎的棉布

工业革命从根本上改变了持续了几千年的人类社会结构。

1760 年之后,英国人在传统的棉纺织业中投入使用了蒸汽机,从而大幅提高了生产效率,棉布的生产量也迎来了飞跃式增长。机器投入生产带来的经济、社会各方面的剧变,都直接影响了资本主义经济制度的确立、城市的大发展及贸易的广域化。

现在我们回想起来，工业革命发生在英国难道是偶然的吗？

工业革命产生的背景是当时的英国在与荷兰、法国的贸易竞争中胜出，确保了自己在大西洋周边广阔的"海外市场"，海外贸易的规模迅速扩大。

1770 年，英国出口商品中的 54％ 为纺织品，44％ 为金属制品。

同年，为了保护本国的传统棉纺织业，英国议会颁布政令，正式禁止印度棉布的进口。此后，棉布制品对英国来说主要作为出口产品，不仅被用于在非洲交换奴隶，也开始输出到美国各地。这种棉布柔软又耐用，吸水力强，广受世界各地人们的欢迎，很快就成了一种世界性的商品。

对印度生产的棉布的进口禁止令，最终推动了英国出口向的纺织业的发展。英国人利用在西印度群岛上大量种植的棉花，在奴隶贸易繁荣的利物浦港附近的兰开夏郡轰轰烈烈地展开了本国的棉布纺织工业。

这一切，都成为英国爆发工业革命的基础。

## ♯ 始于"纱荒"的工业革命

18 世纪中叶,一项新的道具被投入使用于棉纺织业——飞梭。飞梭的使用让织布效率成倍提升,而原本的手工纺纱速度远远跟不上织布的速度,英国纺织业迅速陷入"纱荒"。

在这种情况下,为了提高纺纱的速度,织工兼木工詹姆斯·哈格里夫斯、理发师理查德·阿克莱特、织布工赛缪尔·克隆普顿先后发明和改良了纺纱工具。

其中,阿克莱特出身贫苦,50 岁之前没有接触过关于纺织的任何知识,但他从水车中得到启发,发明了用水力推动,可以同时带动上千个纺锤的水力纺纱机。不仅如此,他还四处寻找投资人,建立了一间又一间大型纺织工厂,成为工业革命中最早的成功经营者。

瓦特改良了原本用作煤矿排水设备的蒸汽机,把活塞的直线往返运动改成圆周运动,使其被运用到多种机器当中。到了1800年,这种活塞作圆周运动的蒸汽机已经有 3000 台。

棉纱产量的激增造成一时间纺织工人急缺，"织布工的黄金时代"到来了。

但没过多久，英国教会牧师卡特赖特发明的动力织机推动了整个织布过程的机械化，从而完善了棉纺织业批量生产的体系。

英国的棉花进口量从 1781—1785 年的 1094 万磅，增长到 1826—1830 年的 23291 万磅。从棉花进口量的几何级增长中，我们也不难看出，当时机械制造棉布的数量是如何飞速增长的了。

到了 19 世纪 50 年代，棉布的出口量已经接近英国总出口量的三分之一。

高效率的机器不仅用于纺织业，也开始用于别的行业。19 世纪 20 年代，随着车床被发明出来，机器制造本身也开始成为一个独立的工业部门。

英国的炼铁工业在这个时期发展迅速，特别是随着英国在海外的铁路建设事业的发展，铁轨的输出量快速上升。到了 19 世纪 50 年代，铁轨的出口量已经接近英国出口总量的 40%。

工业革命的最大结果，就是将人类社会从"困扰于物品不足"的社会彻底变成了"物品泛滥"的社会。

# 三、蒸汽机——资本主义经济腾飞的新能量

## ♯ 统治整个物品世界的化石燃料

从 18 世纪 60 年代到 19 世纪 30 年代,英国兴起了一场将机器投入生产及以蒸汽机为动力来源的经济与社会大革命,即工业革命。工业革命带来了资本主义经济制度的确立、城市的爆发性成长、贸易的广域化等巨大的社会变革。

工业时代的制品与人类历史上的其他物品不一样,它们被批量地制造出来,给人们带来了全新的生活和社会关系。

以化石燃料煤炭为主要原料的新能源蒸汽机、以蒸汽机驱动的各类机器、工业城市、铁路、蒸汽船等，大幅改变了人类社会的面貌。

瓦特改良后的蒸汽机在热效率的运用上有了飞跃性的提升。特别是将活塞的直线往复运动改成圆周运动的游星式齿轮装置，以及可以自动调整活塞旋转的离心式调速器的发明，让蒸汽机得以作为一种通用的动力源进入各个产业领域。

之后，各式各样的机器被发明出来，各个领域的工业产品产量得以快速增长。人们的日常生活用品渐渐被各类工业制品取代了。

## ♯ 原本用于矿井排水的蒸汽机

进入 17 世纪后，英国面临严重的森林资源短缺问题，人们转而使用煤炭作为燃料，来取代使用了几千年的木材。

但是随着矿井越挖越深，矿道中不停渗出的地下水成为一个影响挖矿的重大问题。如果不能及时将水排出，矿井就会被淹没。

最初纽科门发明的用来抽出矿井积水的真空蒸汽机不仅体积庞大,使用起来效率也很低,只能靠活塞的上下运动抽取积水。

但这并没有影响蒸汽机的推广,即使运转需要耗费大量的煤炭,在欧洲最早的矿区——英国的纽卡斯尔地区,这种蒸汽机也被广泛投入使用。到 1767 年,纽卡斯尔地区一共有 57 台纽科门蒸汽机在日夜运转。

这时,在苏格兰的格拉斯哥大学里开了一间小修理铺,日常修理、维护一些模型的詹姆斯·瓦特由于不参与采矿工作,得以客观地观察纽科门蒸汽机,进而研究如何提高其工作效率和适用性。

瓦特从一开始就带着明确的意图,想要开拓属于蒸汽机的全新市场。

1765 年,瓦特成功将汽缸与冷凝器分离,从而将蒸汽机的热效率提高了几倍。汽缸轮流冷却的运作模式也使得在冷却过程中散失的大部分热能得以被重新利用。

1775 年,瓦特与英国中部地区的实业家马修·博尔顿合作,进一步提高了蒸汽机的适用性。1781 年,瓦特又发明了将活塞的直线往复运动改成绕轴圆周运动的游星式齿轮装置,使蒸汽机可以为各类机器提供动能。

此后,瓦特开始将蒸汽机出租给需要的人。为了方便计算租金,他将蒸汽机的性能换算成马力。通过多次试验,瓦特得出结论:平均一匹马在一分钟内将 120 磅(约合 54 公斤)的物品搬运到 196 英尺(约合 59.7 米)的高度。在这个基础上,为了让人们对蒸汽机的工作效率感到满意,瓦特又根据马的实际工作情况重新计算,将结果数据增加了约 50%。

## ♯ 变身为"制造车间"的城市

虽然说瓦特只是在纽科门蒸汽机的基础上进行了一些改良,但是他的改良真正让蒸汽机进入了城市的各个场所,一举奠定了蒸汽机作为主要动力源的地位,让蒸汽机成为诸多产品制造过程中的决定性环节。

瓦特设计的蒸汽机的复原图。可以看出不是通过活塞的
直线往复运动,而是利用圆周运动运转的。

英国的煤炭产业也因为蒸汽机的改良和在多领域的投入使用迎来了巨大的发展。1700年英国年煤炭产量仅为300万吨，到1850年，已经达到6000万吨，是1700年的20倍之多。

工业革命后，城市变成了各种机器的集中地，成为巨大的"制造车间"，越来越多的人口开始从农村流向城市。城市有了爆炸性的发展，居住人口超100万人的城市增至400座以上。

而最早建立近代工业体系的英国，作为"世界工厂"，不仅喊着"自由贸易"的口号，将自己的商品推向大西洋商圈，更将市场扩大到了亚洲、非洲等地，进入了所谓"泛英时代"（Pax Britannica）的繁荣增长期。

但繁荣背后也隐藏着巨大的危机。新的生产体系下，劳动者的生活水平并没有得到相应提高，劳动者的生存环境越来越恶劣，还诞生了贫民区这一城市的阴暗面。当时英国劳动者的平均寿命甚至在20岁以下，可见劳动环境的残酷和苛刻。

# 四、酒馆、酒吧、餐厅
## ——市民革命后日渐丰富的消费文化

### ♯欧洲人的外食起源于旅店客栈

现在我们生活的城市中都有数量繁多的饭店、餐厅。

但其实饭店并不是遥远的过去的产物。饭店、餐厅的普及约在 18 世纪后半叶，而城市出现繁华热闹的街道更要等到工业革命之后了。

在工业革命中，城市资产阶级获得大量财富，终于取代贵族阶级成为社会的统治者,而工业革命带来的人口数量增长也使城市中货币的使用更加普及,这些都直接催生了饭店、餐厅。进入19世纪后,城市的面貌发生了翻天覆地的变化。

欧洲的饮食店的起源,要追溯到从前的旅店、客栈。

和现在很多酒店都有内设的餐厅和休闲区一样,原来的旅店也兼具住宿以外的这些功能。最早的旅店诞生于4世纪之后,当时主要是用作军队的驻扎休息地。人们引用日耳曼古语中表示军队驻扎的词语"herberge",将这些旅店称作"auberge"。

13世纪之后,城市逐渐发展,从旅店中分离出了专门提供酒食的饮食店。人们以荷兰语中表示房子的词语"cambret"为语源,将这种店称为"cabaret"。当时这类饮食店还主要提供葡萄酒。

工业革命后,城市爆发性发展,出现了可供经济宽裕的市民们欣赏表演的大型餐厅。虽然这种店也被称为"cabaret",但其性质与原来单纯的小酒馆已经完全不同,它规模更大,内部结构也完全不一样。

而现在我们比较熟悉的大众饮食店,则被称为"bistro"。

在英国,中世纪时就出现了供大家喝酒吃饭的店,当时这些店被称为"ale house",主要提供啤酒。到了近代,又出现了被称为"public house"或是"tavern"的小酒馆,这些小酒馆成为附近居民小憩休闲的场所。这些店的名称虽然不同,但本质上并没有很大区别。人们渐渐将这类喝酒休闲的场所从"public house"简称为"pub",也就是现在酒馆的前身。

在迅速推进西部开发的美国,出现了很多西部边陲小镇。这些小镇上开设了许多小餐厅,人们用法语中表示"客房"的词语"salon",称这些小餐厅为"沙龙"(saloon)。

在当时的这些餐厅中,威士忌之类的酒都是从酒瓶中倒出,按杯售卖的,但是总有喝醉酒的客人趁店主不注意,偷偷直接拿瓶喝酒。为了杜绝这类事情的发生,店主不得不在店中设置一根结实的木条(bar),让客人无法直接接触到酒瓶,客人要酒的话,就由店主隔着木条将酒递出去。这根木条慢慢演变为一块横着的隔板,最终成为现在常见的隔开顾客与店主的吧台。

我们现在所说的"酒吧"(bar),就是从这样的店发展而来的。

## ♯餐厅与法国大革命之间令人意外的关系

如今我们常去的餐厅的样式,最早起源于 18 世纪后期的法国,在法国大革命开始前约 30 年。

在那之前,城市中并没有这种正式的餐厅,大家要外出吃饭,基本只能选择旅店或是前文说的小酒馆。

1765 年,巴黎一名叫博兰格尔(Boulanger)的人销售了一种用羊肉做成的名叫"restaurant"的汤。这种汤大受欢迎,以至于后来出现的餐厅就直接用了这道汤的名称,也叫作"restaurant"。

"restaurant"这个单词在法语中原来的意思是"恢复精神",刚开始只特指提供这类汤品的餐厅。到了法国大革命前夕的 1786 年,法国正式颁布法令,将"restaurant"定为所有提供餐食及饮料的店铺的通称。

当时的餐厅为了得到食客的好评,都在自己的内部装修和菜单上下了很大功夫,而新兴的城市富裕阶层的消费也让这些餐厅得到了快速发展的机会。

# ♯从皇宫流入街头巷尾的贵族美食

从 17 世纪后半叶开始,法国料理逐渐以宫廷料理为中心提升精致度。到 18 世纪中期,法国料理正式确立了被称作"haute cuisine"(意为"高级料理")的口味特征。

但法国大革命爆发后,国王路易十六被公开处刑,贵族的特权遭到剥夺,原本受雇于贵族的数量众多的仆役一夜之间失去了工作。

为谋生,原本专门为贵族服务的厨师开始在城市各条街巷开设餐厅,成功招徕革命后兴起的城市富裕人群作为自己的客人。

法国料理的核心,毋庸置疑是经过精细处理的酱汁。这些厨师们的活跃,也将法国料理的精致口味传达给了庶民阶层。

现在厨师们戴的独特的白色帽子,源于当时的名厨克莱姆。他受到客人头上戴着的白色帽子的启发,开始以戴这种设计独特的白色高帽子为自己的特征。他的这一举动也让这一特别的帽子成为后来厨师们的必备行头。

　　餐厅的普及让城市变得更加繁华。到 19 世纪初，单在巴黎就有 500 家以上的餐厅供人们消费休闲。

# 五、铁路——让地球无限缩小的新兴产业

## ♯一日千里的欧洲资本主义进程

1825 年,英国发明家史蒂文森发明的蒸汽机车牵引着 30 多节车厢,以每小时 24 公里的速度从英国的斯托克顿开到了达灵顿。这条铁路是从当时英国内陆地区的达勒姆矿区将煤运往海边的线路。

到了 1830 年,英国又开设了从利物浦到曼彻斯特的总长 45公里,可按时速 40 公里通行的铁路。这也是世界上第一条实际

投入使用的客运铁路。通过这条铁路,用机器纺织的棉布终于可以从内陆城市被直接运送到港口。

之后英国的铁路建设得以快速发展。到了 19 世纪 50 年代初,已经建成了以伦敦为中心向四周辐射的铁路网,铁路总长也从 1845 年的 3277 公里迅速增加到 1855 年的 13411 公里。

这波建设铁路的热潮,迅速从英国蔓延到欧洲各个国家,帮助欧洲各国完成了统一国内市场、统合国家力量的重要事业。

以德国为例。1835 年德国首次开通了从纽伦堡到菲尔特的总长仅有不到 7 公里的铁路。此后铁路网迅速铺开,很快又增开了从柏林到波茨坦、从慕尼黑到奥格斯堡的铁路路线。

到了 1850 年,德国已经拥有了欧洲内仅次于英国的铁路网。

而法国人于 1837 年兴建了第一条从巴黎到圣日耳曼的铁路。到拿破仑三世统治期间,法国建成了全国规模的干线铁路网。法国的铁路总长也从 1845 年的 888 公里增长到 1865 年的 13562 公里。

## ♯ 影响全球的铁路建设狂潮

美国东部地区的铁路建设基本和英国保持了同步。1830 年，美国东部开通了从巴尔的摩到埃利科特的全长 21 公里的铁路。

之后，美国的铁路建设很快从东部延伸到西部。1869 年，美国的联合太平洋铁路与中央太平洋铁路在犹他州的普罗蒙特里丘陵处相接，完成了美国历史上第一条横贯整个美洲大陆的铁路建设。

在各个殖民地，为了更方便地将物品运送到大港口，也为了更方便地将欧洲出产的各种工业制品运送到内陆，殖民者们开始建设通往港口的铁路。铁路的建设让殖民者从殖民地掠夺到的财富飞速增长。

以印度为例。英国人从 19 世纪 40 年代初开始在印度成立公司准备铺设铁路，1853 年确定了印度铁路网的大致框架。19 世纪 60 年代，印度被铁路建设的热潮席卷。到了 1902 年，印度的铁路总长度已经达到 26000 英里（约合 42000 公里），超越了英国本土的 23000 英里(约合 37000 公里)。

但是印度的整个铁路网完全是以港口为中心向内陆辐射的，对其本国来说并不是一个很均衡的理想的交通网络。这样一个扭曲的铁路网，正是像印度这样从属于宗主国的殖民地社会体系的一个缩影。

让我们比较一下世界各地在 1860 年、1880 年和 1900 年的铁路铺设长度吧。1860 年后的 30 年间，欧洲铁路铺设长度增至原来的 5 倍，北美为 6.5 倍，拉丁美洲为 66.3 倍，亚洲为 41.4 倍，非洲也有 36 倍之多。

这样一股席卷全球的铁路建设热潮，让英国的铁出口量迅速增长。到 20 世纪 50 年代，英国出产的铁中的将近 40%都作为铁路建设的基材出口海外。

在这场铁路网的扩张运动中，真正从技术层面和资本层面起到支撑作用的，正是当时处于巅峰时期，使英国呈现出"世界工厂"盛况的英国工业。

## ♯ 铁路延伸下的新世界

铁路系统按照时刻表定期运行,将城市和相对偏远的地方连接在一起,受此影响,诸多小型的地域性市场开始衰退。

一方面,所有的物品都向以各国首都为代表的城市集结,地域差别造成的物价差开始消失;另一方面,以首都为代表的城市的生活方式也通过铁路传播到各个地方,各地生活方式的独特性与自立性在日渐消退。

而且铁路运输成本低廉,人们的大规模远距离迁移变得容易起来,从而导致城市人口增加,城市规模急速扩大。

以休闲为目的的旅行变得普遍化也正是从这一时期开始的。

1851 年,在伦敦的海德公园举办的万国博览会上,英国人建造了整体被玻璃包覆的展馆,并命名为"水晶宫"(Crystal Palace)。这座展馆成为万国博览会上最受瞩目的"展品",在 140 天的展期内,共吸引了多达 600 万人前来参观。

　　这一展期内入场者的数量几乎是当时伦敦总人口的 3 倍, 很多人正是通过铁路从各地来到伦敦的。

　　从这个意义上来说, 伦敦万国博览会揭开了一个新时代的帷幕, 象征着一个新时代的开始。

# 六、蒸汽轮船——人类历史上最大规模的民族迁徙

## ♯ 从 19 世纪 70 年代开始的蒸汽船时代

如果考虑在世界范围内进行人员及物品输送,那么最重要的并不是铁路,而是不再依靠风力航行的蒸汽船的出现。

1807 年,美国人富尔顿建造了使用水车式装置,明轮推进的蒸汽机船"克莱蒙脱"号,它以每小时 8 公里的速度在哈得逊河上试航成功。

之后的 1819 年,使用木质外轮的"萨凡纳"号历经 29 天横渡

大西洋运送棉花。但实际上"萨凡纳"号是蒸汽帆船，在航程的大部分阶段还是利用风帆航行的。

到了 19 世纪 40 年代，人们又发现制造蒸汽船的两个要点：

①用三片桨叶的螺旋桨可以获得最佳推动力；

②比起木头制造的船体，用铁皮制造的船体可以提高 20％ 的效率。

万事俱备，1839 年，以螺旋桨为推动力的"阿基米德"号开始了它的航程。

到了 19 世纪 70 年代，帆船正式被蒸汽船取代。由于技术的革新，从 1868 年到 1879 年，海运的成本下降了一半。

海运进步带来的直接结果就是，各个大洋被蒸汽船连成了一个整体，欧洲诸城市与各殖民地港口的连接也更加紧密了。

一方面，欧洲各国出产的工业制品通过蒸汽船和铁路源源不断地被运往世界各地，各地的传统手工业受到极大打击，纷纷走向衰落，各地的生活方式也因此发生了极大改变。

另一方面，大量的食物、嗜好品、衣料原料进入西欧，也在很大程度上改变了西欧各国人民的生活方式。

## ♯大移民时代的明星——北大西洋航路

19 世纪欧洲人口激增,有超过 4000 万的移民通过移民船和客船迁徙到世界各地。世界进入了欧洲化时代。

从 1820 年到 1920 年的 100 年间,共有 3600 万人移居到美国等北美洲国家,360 万人以上移居阿根廷等拉美国家,200 万人移居至澳大利亚和新西兰。此外,亚洲和非洲地区也有大量欧洲移民迁入。

由于运送移民的海运业十分繁荣,相应地,大型客船随即出现。

当时欧洲移民中的绝大部分都抱着一颗去新大陆"淘金"的心,而他们的目的地,就是北大西洋沿岸。

从 1865 年到 1894 年,平均每年有 12 万人从英国移民到美国,来自德国的移民每年也有 11 万人之多。到 20 世纪初,移民潮达到顶峰,美国当地的英国和德国船运公司为了争夺客源还曾陷入恶性竞争。

而在美国获得成功的富裕阶层的人们,也开始想要回欧洲旅行。

此时,有一家巨型集团盯上了这片广阔的海洋——它就是旗下拥有美国钢铁公司、通用电气公司等大型公司,还拥有美国全国2％铁路所有权的摩根财团。

摩根财团建立了自己的国际商船队(International Merchant Marine,简称IMM),于1902年开始正式参与北大西洋航运事业。它收购了拥有4艘吨位超过3000吨的豪华客船的英国老牌船运公司白星航运公司(White Star Line),成为当时统治北大西洋航路的最大的航运公司,与英国的卡纳德航运公司(Cunard)竞争霸主地位。两大巨头激烈竞争的结果就是催生了豪华客船时代。

得到摩根财团支持的白星航运公司立刻建造了4艘吨位为21000～24000吨的大型客船,并命名为"Big 4",想要靠此拿到北大西洋航路的统治权。

而感受到危机的卡纳德航运公司也不甘示弱。他们从英国政府那儿拿到了200万英镑的投资,建立了吨位远超白星航运"Big 4"的超大型客船——吨位达到31550吨的"卢西塔尼亚"号和"毛里塔尼亚"号,想要维持住自己在北大西洋航路上的优势。

卡纳德公司旗下的"卢西塔尼亚"号,可称为当时最大的客船。

对于当时的英国来说，正是因为长时间把握着大西洋的制海权，才获得了持续发展的机会，所以英国政府会出资支持卡纳德公司。当然这也出于当紧急事件发生时，可以有本国公司提供支援和保障的战略判断。

19世纪末造船技术的发展使巨型客轮得以登场，而这些客轮满载着货物和移民，将世界快速带向全球一体化的彼岸。

# 七、百货商场

## ——资本主义经济下诞生的商品"百科全书"

### ♯万国博览会上诞生的好点子

人口向城市集中、中产阶级的成长、机械制造带来的工业制品的大量出现、铁路的普及等造成的结果就是,城市中各类物品像洪水一样泛滥。

在此之前,商品没有一个固定的价格,商品的交易价格是由买卖双方商量决定的。

但是一旦进入商品支配生活的时代，如果每件商品都需要双方交涉来决定价格的话，未免也太烦琐了。

而在此时(19世纪中期)出现的，就是这样一个可以将大量商品集中展示并清晰标明定价的地方——百货商场。

我们说的百货商场，是以服装和家庭用品为中心，分部门管理和销售商品的大规模零售店铺。

品种丰富、价格低廉、进商场也可以不用购买商品等原因使百货商场受到了广泛的欢迎。而百货商场之所以诞生，其契机在于那一次伦敦万国博览会。

在1851年伦敦第一届万国博览会举行的两年前，一个叫作查尔斯·哈洛德的人在万国博览会会场海德公园旁买下了一间小小的店面。哈洛德用新的方式销售商品，在万国博览会期间以大量观光客为对象大赚了一笔。几年后，哈洛德将附近几家店铺合并，扩大经营，这就是如今著名的哈洛德百货(Harrods)的前身。

欧洲大陆上百货商场的起源则要追溯到1852年，法国人布西科夫妇在巴黎开设的一家商店——乐蓬马歇(Le Bon Marché)，也就是"好买卖"的意思。

乐蓬马歇的前身是一家专门销售布料的商店,由于不时采取一定的降价促销而很受欢迎。十多年后,布西科盖了一座更大的商场,而他请来的设计师,就是日后设计埃菲尔铁塔的古斯塔夫·埃菲尔。

埃菲尔仿造 1851 年伦敦万国博览会展馆"水晶宫"的模样,用玻璃和钢铁建造了这座百货大楼,而这座大楼也成为巴黎的新地标,直到今天还矗立在巴黎的塞纳河左岸。

## ♯ 城市新地标

中世纪的城市里,作为地标性建筑(城市象征)的一般都是大教堂和王宫;而近代,城市成为经济活动的中心场所,让人们与商品面对面接触的百货商场自然就取代了原本的教堂等建筑,成为新的城市地标。

在工业革命之前,城市居民采购生活用品通常都去各类市场,这类市场一般都装修得非常朴素。工业革命后,大量外观华丽的工业制品被生产出来,人们需要一个装修气派、充满魅力的场所来聚集人气,作为商品与市民的联结点。

乐蓬马歇百货公司的广告(1912 年)。从广告图中即可见它的壮丽。

百货商场从万国博览会的各类制品展示场中获得灵感,将这种特殊的活动日常化,打造了一个特殊的空间。在同一栋大楼里,各种不同的商品被分类陈列,明码标价,在带给顾客们兴奋感的同时,也在不停地激发顾客心中的购买欲。

顾客们身处百货商场,面前是由商品构成的一幅巨型画作。而百货商场本身,就是一个常设的聚集了大量商品的博览会场。

## ♯持续发展的百货商场

工业革命后,数量庞大、种类丰富的商品与城市中聚集的人们互相都在寻找一个合适的相遇场所。从前那种封闭式的零售店再也无法应对人们新的需求了。

这正是百货商场得以发展的根本原因。

1865 年在巴黎开张的巴黎春天百货(Printemps)从一开始就被定位为专门的百货商场。

之后，百货商场这一形式迅速在欧洲各主要城市普及开来，成为城市的一张华丽的新面孔。

现在，我们与商品接触的平台已经不限于百货商场，超市、电视购物、网络购物早就融入了我们的生活。

# 八、地铁与电车——城市扩张的产物

## ♯ 最初的有轨马车

随着城市人口的不断增加,城市中的住宅用地渐渐无法满足持续增长的社会需求,许多人不得不向城市边缘移动,城市的范围变得越来越大。

但当时主要的个人出行交通工具马车只有富人才能拥有,随着城市的扩张,越来越多的人在呼唤一种新的交通方式的出现。

在这种呼声中登场的就是低价的公共交通系统,包括电车和地铁等。

19 世纪 20 年代,伦敦出现了公共马车,后来演变为由马牵引、在铁轨上行驶的有轨马车。1836 年,美国纽约也建造了有轨马车系统,19 世纪 60 年代,有轨马车系统被推广到了美国各主要城市。

到 1882 年,全美共开设了 415 家有轨马车公司,其运营的轨道加起来长达 4800 公里。

这种有轨马车不仅在美国盛行,也被推广到了加拿大、欧洲和日本等地。但由于有轨马车毕竟靠马匹牵引,很容易出事故,因而在 1881 年德国于柏林郊外建造了由电力驱动的路面电车系统后,有轨马车渐渐被路面电车所取代。

## ♯ 冒着黑烟的地铁

在当时的伦敦等大城市,建筑物的密度已经相当高了,人们和马车想要在拥挤不堪的道路上通行变得很困难。这种情况下,人们开始建造地铁。当时的地铁机车都是依靠燃烧煤炭产生的蒸汽来推动的。在没有天花板的地下车站里,靠着燃烧煤炭积攒足够的蒸汽,再靠着这些蒸汽带动机车缓缓驶向下一个车站。

1863 年,伦敦的第一条地铁线路,也是世界上第一条地铁线路,总长不到 6 公里的"大都会地铁线"(Metropolitan Line)开通。现在英语中仍称地铁为"metro",就是取自这条地铁线的名称。

到了 1884 年,伦敦建成了绕伦敦城的环线地铁。而巴黎和柏林也分别在 1900 年和 1902 年开通了地铁线路。

人们在建造地铁线路时颇费苦心,先要将直径 3.5 米的管道埋到地下十几米处,地铁列车就在这些管道中运行。

为了能让人们到达位于地下的月台,地铁站都需要设置大型电梯。当时的电梯其实是依靠蒸汽机运行的,两边门均可开合,乘客们从一边门上电梯,从另一边门下电梯。

这种由蒸汽机运行的电梯很容易出故障,后来就渐渐换成了电力驱动。而 1906 年自动扶梯的出现,又让地铁站变得更加便利。可以说正是地铁的发达,直接带动了电梯的发展和进步。

正式启用的伦敦大都会地铁，蒸汽机车在地下运行。

## ♯ 地铁的电力化时代到来

如前文所述,当时的地铁结构与现在的差异很大。当时在各个车站都有一个巨大的换气口,蒸汽机车到站后,都在此处燃烧锅炉以积蓄蒸汽,再利用这些蒸汽推动机车行驶到下一站。

蒸汽机车行驶中会持续排放出大量黑烟,加上地下空间密闭,许多乘客都不堪忍受。

为了解决这个问题,1879 年德国西门子公司推出了其开发的电力机车。这辆机车搭载着 20 名乘客,在 270 米的铁轨上以时速 24 公里成功完成了试运行。

之后,地铁列车渐渐都换成了电力机车,20 世纪后又逐渐换成了靠电力发动机驱动的列车。

# 九、黄金——支撑世界金融的贵金属

## ♯ 国际金本位制度的确立

工业革命后,全球经济市场迅速发展,急需一个可以支撑其运行的金融体系。

整个 19 世纪,在自由主义的旗帜下主导全球经济的英国,创造了一个全新的体系,用黄金本位制(亦称"金本位制")取代了从前的银币交易系统。

英国之所以选择黄金作为新的货币本位,实际上是因为当时英国手头的白银少得可怜,大量的白银在之前的贸易中流入了中国。

靠着重建以黄金为本位的国际经济组织,英国成功地掌握了世界经济的主导权。而英国之所以能够成功,正是因为这时在美国和澳大利亚兴起的"淘金热"带来了巨量黄金。

英国通行的货币英镑的正式名称其实叫作"pound sterling"。"pound"来源于古罗马语中表示重量单位的词语,而"sterling"指的就是纯银。在中世纪的罗马,每一磅白银可以铸造 240 个银币,而中世纪的英国正是模仿了这种铸币标准来铸造银币的。

所以英国历史上实际也是以银币为中心通货的,只不过历史趋势让它不得不放弃白银来换取新的世界经济主导权。

## ♯统治世界的纸币英镑

1816 年,英国颁布货币法,正式确立了金本位制;1821 年,英国正式启用金本位制,英镑成为法定的可以与黄金直接兑换的货币。

其他国家在这方面就落后许多,德国在 1871 年,美国在 1873 年,日本则等到 1897 年,才确立金本位制。到了 1900 年,世界上的主要国家基本上都采用了金本位制。

当时的英国靠着大量出口工业制品长期保持着贸易顺差。有了英镑之后,由于保证了英镑与黄金的兑换,英国人可以无限制地用英镑与其他货币进行交换。当时,犹太人罗斯柴尔德家族掌控下的英格兰银行作为"世界银行"发行英镑,英镑在全球流通,带动了全球金融体系的运转。伦敦的金融街正式成为全球的金融中心。

但好景不长,19 世纪末以后,由于重化工业的兴起,德国和美国的经济迅速抬头,英国在工业上的主导权渐渐丧失,英镑作为国际通用货币的基础——英国的工业统治不再坚挺了。

在这种情况下,德、英两国推行的世界政策(所谓 3B 计划①和

---

① "3B 计划"是指德国人希望并计划修建一条从德国首都柏林到土耳其属地美索不达米亚巴格达的铁路,路线为柏林—拜占庭(伊斯坦布尔)—巴格达,其开头字母都为 B,因此被称为 3B 计划。

3C 计划①)出现了对立，最终引爆了第一次世界大战。

## ♯ 在世界各地先后爆发的"淘金热"

工业革命后，世界市场迅速扩大，对黄金的需求自然水涨船高。

巧的是，19 世纪后期，世界各地先后爆发"淘金热"，怀着黄金梦的人们纷纷冲向各个黄金发掘地。对于英国来说，实在是时机大好。

1848 年，美国西部加利福尼亚州的萨克拉门托郊区发现金矿，约 10 万名被称为"forty-niners"的淘金者乘坐马车或船从各地来到加利福尼亚。在接下来的 5 年里，这里的金矿产出了价值约 2 亿 8500 万美元的黄金。

这个数量相当于之前美国产出的黄金总和的两倍。大量的

①　与德国的"3B 计划"相对，当时的英国人想要修建一条从开普敦出发，经过开罗，最终通往加尔各答的铁路。这三个主要地点的名称的开头字母都为 C，所以被称为 3C 计划。

黄金产出让人们疯狂,导致 1858 年在科罗拉多州的丹佛附近、1859 年在内华达州也相继出现了"淘金热"的狂潮。

不仅如此,1858 年在当时属于英国殖民地的加拿大的弗雷泽河流域,1869 年在靠近阿拉斯加的育空河附近都出现了"淘金热"。其中育空河流域在 1900 年一年就产出了相当于 2200 万美元的黄金。19 世纪末,阿拉斯加的诺姆地区发现了金矿,"淘金热"又延伸到了那里。

不仅美国,当时作为英国殖民地的澳大利亚也是如此。1851年后,澳大利亚以维多利亚殖民地(现维多利亚州)为中心燃起了一股"淘金热"。在"淘金热"的驱动下,原本只有 40 万人口的维多利亚州,在 10 年间人口数量增加了两倍之多。

澳大利亚的黄金产出大约在 20 世纪初期开始,至今依然没有断绝,现在每年全球黄金产量的十分之一依旧来自澳大利亚。

"淘金热"带给人们无穷的黄金梦,而这个梦又实际上推动了与黄金直接挂钩的英镑的全球普及。

1884 年,由荷兰移民者的后裔建立的德兰士瓦共和国(现南非共和国北部)的威特沃特斯兰德发现金矿。共和国政府随即对这片区域实行了国有化，对蜂拥而来的英国淘金者们实行了分区域授予采矿权的措施。

让人意想不到的是，到了1886年，这里又发现了靠近地表的黄金大矿脉，德兰士瓦共和国一夜之间变成了世界上最大的黄金产地。

为了获得对世界上最大金矿和最大钻石矿的统治权，将德兰士瓦共和国与奥兰治自由邦并入殖民地版图，英国人发动了第二次布尔战争①。

由此，英国人获得了又一个新的黄金来源，"淘金热"最终帮助英国掌握了全球金融。


## ♯被"黄金梦"左右的世界经济


由于英国坐拥巨量黄金，所以英国政府声称，以黄金为后盾

---

① 第二次布尔战争，指的是1899—1902年英国同荷兰移民后裔布尔人建立的德兰士瓦共和国和奥兰治自由邦为争夺南非领土和资源而进行的一场战争，也称南非战争。

的英镑价值永不动摇——这其实是一个巨大的谎言。

实际情况是：截至当时，人类挖掘出的黄金总量其实只够填满三个半奥运会的标准泳池(长 50 米，宽 25 米，深 1.8 米)，而流通在全世界的英镑的面额远远不止这些。

英国人之所以能在较长时间里维持英镑的地位，其实就是利用了人们当时狂热的"黄金梦"。

这一谎言后来被新的国际货币美元继承。直到 1971 年的"尼克松冲击"①，人们才知道原来世界上并没有足够的黄金来兑换货币，这一被隐藏多年的真相才终于被揭露出来。

---

① 尼克松冲击(Nixon Shock)：鉴于当时美国国内通货膨胀的严峻形势，1971 年 8 月 15 日，时任美国总统的尼克松宣布，除公开市场业务外，停止美元与黄金的直接兑换。

# 十、铁——展示钢铁可能性的埃菲尔铁塔

## ♯曾经脆弱不堪的铁

要制造新的工业产品，自然需要相应的原材料。19 世纪末出现的强度高韧度大的钢铁，就被运用于机械铸造、船舶建造、房屋建筑、武器制造等各个方面，极大地改变了社会的面貌。甚至可以说，正是这种"梦幻金属"，打造出了一个全新的世界。

19 世纪末，人类社会进入以工业的重化工业化为最大特点的第二次工业革命。支撑起整个第二次工业革命的，正是钢铁和

石油。

铁的冶炼就是将铁矿石投入炼铁炉，从而提炼出生铁(含杂质较多的铁)的过程。在工业革命和之后的铁路网建设浪潮的推动下，社会对生铁的需求量扩大，从而推动了炼铁业在 19 世纪的快速发展。但生铁实际上和历史上那些用来铸造器物的金属没有本质区别，在强度和韧度两方面都有很大不足。

后来有研究发现，只要降低铁中碳元素的含量，就可以提高铁的强度。根据这项研究，人们发明了在炼铁过程中加入大量空气从而将生铁中多余的碳元素氧化以提高铁的强度的"贝塞麦炼钢法"①，同时发明出了可以将铁炼成钢的转炉。

在此之后，人们终于可以制造含碳量低、质量均匀的钢铁了，正式从"脆铁"时代进入"硬钢"时代。到 19 世纪末，全球年产钢量已经达到约 3000 万吨。

坚硬的钢铁除了可以制造大型机械，还可以制造其他各类要

---

① 1856 年，英国人贝塞麦发明转炉炼钢(converter steelmaking)法，以液态生铁为原料，不借助外加能源，通过向铁水吹入空气，靠铁水氧化产生热量而在转炉中完成炼钢过程。

求精密度和强韧度的机械。有了这一强大的原动力,人类社会终于进入了重化工业时代。

但原本一直引领工业革命大潮的英国,由于没能及时更新工厂设备,在钢铁生产方面反而被德国和美国反超。英国的工业也因为没能及时换挡到钢铁时代,从而开始走向没落。

## ♯ 钢铁时代的象征——埃菲尔铁塔

全新的钢铁时代的标志,就是我们耳熟能详的巴黎观光名胜——埃菲尔铁塔。

1889 年第四届万国博览会在巴黎举行。当时已经成功设计和建造了诸多钢铁高架桥、车站、轻型铁路的设计师埃菲尔负责设计了这座高达 300 多米,作为本届万国博览会中心的纯钢铁建筑。当时世界上最高的建筑物是位于美国华盛顿特区,高度为 169 米的华盛顿纪念碑。埃菲尔铁塔建成后,其高度大大超过了华盛顿纪念碑,成为当时世界上最高的建筑物。

建设中的埃菲尔铁塔。前所未闻的钢铁建筑在当时引发了巨大的争论。

埃菲尔铁塔整体设计既纤细又优美，称得上是一件由钢铁制成的艺术品。如果没有炼钢术的发明，靠从前那种脆弱的铁，是根本不可能建造出如此巨大的建筑物的。

埃菲尔铁塔塔身共用了 7300 吨钢铁，四根巨大的支柱均呈弧度和缓的曲线，从塔底到塔尖共有三层瞭望台。这个独特的造型在当时的巴黎掀起了巨大的讨论声浪，作家莫泊桑①等人还将其讽刺为丑恶的建筑。几经波折，这座建筑在巴黎万国博览会后还是被保留了下来，直到现在成了巴黎代表性的建筑。

作为埃菲尔铁塔的设计者，埃菲尔在万国博览会期间及之后的 20 年间，靠着埃菲尔铁塔获利颇丰。到 2002 年，埃菲尔铁塔的总观光人次突破 2 亿，可以说已经成为现代社会的一个代表建筑。

钢铁的时代，至今仍在继续。

---

① 居伊·德·莫泊桑（Henri René Albert Guy de Maupassant，1850—1893 年），19 世纪后半叶法国批判现实主义作家，"世界三大短篇小说巨匠"之一。代表作品有《项链》《羊脂球》《我的叔叔于勒》等。

## ♯崭露头角的德国克虏伯和美国卡耐基

1811 年,以钢铁产业为主要经营内容的克虏伯商会在德国鲁尔地区创立,随后靠着钢铁生产和武器生产迅速发展起来。

1843 年,克虏伯公司当时的负责人阿尔弗雷德·克虏伯开始着手制造大型火炮。1851 年,他带着一台大炮参加了伦敦第一届万国博览会,赢得了巨大的关注和肯定。1859 年,当时的普鲁士政府正式向克虏伯公司发出了 300 门大炮的订单。

阿尔弗雷德被称为"火炮大王",他一手接过了普鲁士的军火生意,将克虏伯公司的生意越做越大。由克虏伯公司制造的在第一次世界大战中名扬世界的大炮"大贝尔莎",就以能将重达 1 吨的炮弹发射到 15 公里以外的卓越性能而闻名。正是钢铁,让战争一步步走向大规模化。

身处美国匹兹堡的安德鲁·卡耐基,运用贝塞麦炼钢法建立起最新的炼铁工厂,获得了巨大成功。他先后吞并了数家大型炼铁工厂,到 1899 年已经实际控制了美国约四分之一的钢铁生产。

　　1901 年,卡耐基以 2 亿 5000 万美元的价格将自己的公司卖给了美国摩根财团下属的联合钢铁公司。联合钢铁公司通过这场并购进一步壮大,到了 1912 年,已经成长为控制美国钢铁生产半壁江山的巨头公司。

　　美国的钢铁产业从一开始就是脱离欧洲势力独立发展的,到 1929 年,全球钢铁产量中约一半都来自美国。巨大的钢铁生产量,支撑起了 20 世纪美国经济的腾飞。

　　顺便说一句,现在占据全球钢铁产量第一位的国家是中国,其后分别是日本、印度、美国,美国的钢产量已经远远不及中国了。

# 十一、报纸——被民族主义所利用的大众纸媒

## ♯ 报纸的创刊潮

随着城市功能的日渐复杂,大量的信息每天都在诞生。作为传达重要信息的媒介,报纸的作用越来越重要,众多面向大众的报纸开始登上历史舞台。

1785 年,《泰晤士报》( *Times* ,创刊时名为 *The Daily Universal Register* ,即《每日环球纪闻》)创刊,靠着正确报道事实和端正的评论态度确立了一定的权威。《泰晤士报》在 1814 年首

先采用了蒸汽机驱动的滚筒印刷机印刷,先一步迈进了大众媒体时代。

19 世纪中期,由于工业革命的推进,各类产品像潮水一般充溢着城市的大街小巷。商品越来越多,报纸则多了一项重要的功能和使命,就是"制造人们认识商品的机会"。生产商们纷纷涌向报纸发行商,希望在报纸上分得一个广告版面。

就广告来说,只有让许多人看到才有宣传的意义。于是报纸的"大众化""平民化"迅速推进,大众报纸诞生了。

之前的报纸,大部分版面都是政治经济新闻,读者基本上都是特权阶层,一份报纸的读者数不过 3000 人左右。而大众报纸则不同——1833 年美国纽约发行的报纸《纽约太阳报》(*The Sun*)售价仅 1 美分,内容也相当娱乐化,多是平民大众感兴趣的各类信息。《纽约太阳报》登载的内容包罗万象,包括犯罪和暴力事件、娱乐消息、连载小说等,无论在民众那儿还是广告主那儿,都大受欢迎。

1855 年于英国创刊的《每日电讯报》(*The Daily Telegraph*),在 19 世纪 60 年代发行量达到了 20 万份。随着发行量的增长,报纸的价格也越来越便宜。1896 年创刊的《每日邮报》(*Daily Mail*),

每份售价甚至仅为半便士。据说《每日邮报》创刊号的销售量达到了 40 万份。

## ♯大众报纸的普及与大众民主主义

1846 年,纽约的 6 家报社合作,共同分担了从华盛顿、波士顿到纽约的新闻电信费用,这就是后来美国最初的通讯社——美国联合通讯社(简称美联社,The Associated Press,缩写 AP)的前身。通讯社的出现使得更大范围内的信息得以被更详细地登载,新闻的领域大大拓宽。

1861 年美国南北战争爆发,此时美国东部与美国南部的许多地区实际上已经实现了电信互通,有超过 150 位新闻记者奔赴战争前线对战争进行了报道。可以说,是铁路的普及让个人的生活进入了国家这个大机器的系统中;也正是报纸的普及,让人们共享一个巨大的信息网,从而支撑起一个整体的社会结构。

通过报纸将大量信息送达民众的时代,也正是大众民主主义的时代。

## ♯成为战争导火索的煽动性的报纸

报纸的诞生自然并不只有好处。

部分媒体会通过无责任的报道等手段来操控舆论，而民众在媒体提供的如洪水一般的信息面前丧失了自我判断，渐渐沦为媒体的追随者，越来越常陷入对自我力量感到无力的消极状态。

这时，两大新闻巨头普利策①和赫斯特②开始了为争取发行量而不择手段的竞争，争相登载耸人听闻或者丑闻性质的新闻、插图、漫画等。

普利策收购了《纽约世界报》(*The World*)，赫斯特收购了《纽约晨报》(*Morning Journal*)，并将之更名为《纽约新闻报》(*New York Journal*)，竞相登载煽动性的新闻来博取关注。

---

① 约瑟夫·普利策(Joseph J. Pulitzer，1847—1911 年)，美国大众报刊的标志性人物，普利策奖和哥伦比亚大学新闻学院的创办人。

② 威廉·赫斯特(William Randolph Hearst，1863—1951 年)，美国报业大亨。尤擅以耸人听闻的手法，大量刊登犯罪、灾祸、丑闻等报道，因而被称为"黄色新闻大王"。

当时正值古巴爆发反抗西班牙的民族运动,美军派到哈瓦那港口用以"护侨"的海军最新战舰"缅因"号突然在港口爆炸沉没。针对这起事件,普利策和赫斯特名下的报纸纷纷宣称这是西班牙对美国的报复,主张立刻对西班牙开战,将美国舆论导向美西战争。

由于当时赫斯特名下的报纸连载一部叫作"黄孩子"(*Yellow Kid*)的漫画,人们就把这种报道新闻的手法称作"黄色新闻"。在这种风潮下,当时的广告也大多做得非常浮夸,将商品过度夸张,以模糊读者的判断。至此,顾客认识和了解商品的方式发生了很大的改变。

这种煽动性的报道方式显然迎合了大部分人的喜好,到1910年,美国的日报数竟然多达2433种。

# 十二、电话
## ——创造出"实时通信"这一全新的交流方式

## ♯ 电信开创的全球化时代

19 世纪后半叶,人们开始利用电力进行信息传达。与原本通过书信、邮件进行的信息传达相比,电力使传达速度得到了大幅度提高,人类社会正式进入信息高速化、多样化的时代。而利用电流变化进行信息传达的技术的开发,在 19 世纪中期就已开始急速推进起来。

技术进步的结果就是，被称为"信息革命"的给人类交流方式带来革命性影响的角色相继登场，成为整个社会结构中的一部分。这一巨大的变化一直持续至现在的 IT 革命，很大程度上改变了世界物品的存在秩序。

1837 年，美国人莫尔斯成功进行了电报机的实验。1842 年，美国政府出资 3 万美元，将电信实用化，用于建立华盛顿与巴尔的摩间的通信。19 世纪 40 年代到 50 年代，电信在欧洲各国也相继普及开来。

在 1854 年的克里米亚战争中，由于未能提前预测到台风，英法军队遭受了重大损失，人们从中渐渐意识到天气预报的重要性。从 1858 年起，人们开始利用无线电来统计世界各地的气象观测数据，以此为基础做成"气象图"以预测天气。电信开始应用到各个领域。

1857 年，横跨大西洋的海底电缆铺设成功，但由于技术方面的原因，一直故障不断，直到 1866 年才终于稳定下来。海底电缆的投入使用让信息的全球化获得了更进一步的推进，到 1872 年，人们已经可以实现伦敦与东京之间的电子通信了。

# ♯"信息就是金钱"时代的来临

1851 年,英国与法国之间多佛尔海峡的海底电缆铺设完成。德国人朱利叶斯·路透(Julius Reuter)从法国哈瓦斯通讯社的翻译岗位上离职后,在伦敦市内一家证券交易所的一间房间里,成立了除自己外只有一名员工的小型事务所。

路透的公司利用电信网收集信息,并将这些信息整理成"路透快讯"发布,获利颇丰。像这样收集、发布最新信息的通讯社的出现,使信息的商品化快速推进。物品的走向也开始被信息所左右。

1855 年,原本对报纸征收的印花税被废除,更多的低价报纸出现。而路透社也新增了向各大报社提供新闻的业务,进一步增加了收入。

对于许多报社来说,相比向各地派遣通讯员,直接从通讯社购买新闻更划算。所以至此之后,全球发生的各类事件都会首先通过电信到达各个通讯社,次日早晨再出现在各大报纸的版面上。

# ♯ 从电话到手机

1876 年 3 月，从事聋哑人教育的美国人亚历山大·格拉汉姆·贝尔(Alexander Graham Bell)成功开发了将声音转化成电流进行传播的新方法。他向位于隔壁房间的助手沃森说"come here, I want you"①，成为标志着电话诞生的瞬间。

英语中代表电话的词语"telephone"，其实是从希腊语中意为"远处的声音"的"telephonie"一词演变而来的。当时拿到了电话特许权的贝尔创建了贝尔商会，正式开始了电话事业。早期电话的电源用的是电池，电话机之间的联通需要话务员通过手动交换机进行，后来自动交换机出现，取代了话务员的职能。

1956 年，世界上最早的海底电话线缆铺设成功，这条线缆联通了纽芬兰岛和英属爱尔兰岛。此后，海底电话线缆的铺设推广到全世界；20 世纪 70 年代之后，又被光缆取代。美国和英国、法

---

① 当时贝尔正在做实验，不小心把瓶内的硫酸溅到了自己的腿上，他在疼痛中通过电话喊叫助手："沃森先生，快过来，我需要你(的帮助)！"

国之间的海底光纤 TAT - 8,据说可以支持同时传送 5 万件通话。

1969 年,利用在距离地面 35880 公里的静止轨道上运行的通信卫星,人类建成了世界上第一个国际电话中转网络,此后各个大陆间的通话就变得像国内通话一样简单了。

1978 年,在美国芝加哥,蜂窝式移动电话(手机)投入试用,然后几乎在一瞬间,就普及到世界各地的主要城市。手机的工作原理是通过电波将手机端的信号发送到中转站,再通过中转站发送给接收方。因此只要与中转站保持联通,那么接收方的设备就算处于移动状态,也可以保持通话。在一定的区域内,就像蜂窝一样相互关联。

20 世纪 80 年代之后,手机开始变得更小型化,除了通话之外还加入了一些原本只有电脑才具备的功能,比如发送信息、联网等。后来手机又陆续增加了摄影、录像等功能,几乎成为一种万能的交流工具,手机也正式进入智能化时代。

通过手机这种小型的发信机和收信机,无数双向通话建立起来,如果不考虑语言障碍,我们其实已经实现了全球规模的通话网络。个人就算在移动过程中,也可以自由使用通信网络,这个机制已经正式进入我们的生活系统。而一旦发生自然灾害或紧急事件，这一网络也能发挥巨大的作用。

靠着这个便利的小物品，一种从未出现过的全新交流方式和物品秩序开始出现。在 20 世纪的广播网络、电视网络、飞机航运网、互联网等各种网络之外，拥有各种可能性的手机在构建了一种全新的网络之后，通过构建新的物品秩序而改变了我们的生活。

## 地球世界——正在进行中的全球化

* 历史的大走向——以美国为轴心、物品被大量消费的新社会

第五章

进入 19 世纪末,钢铁生产和化工业的发展在很大程度上改变了人类制造物品的材料,而通过电线实现的可移动的电力及内燃机的出现,更是进一步改变了我们的物品世界。

　　电灯让昼夜不再分明,城市变成了"不夜城";电信和电话让信息的高速传送变成可能。城市的巨大化、高层化,船舶的巨大化,工厂的大型化都开始全面推进。

　　进入 20 世纪后,经历了第一次世界大战和第二次世界大战这两次彻底的消耗战后,欧洲用尽了他们多年积攒的物品和装备,开始走向没落,而"人工的移民国家"美国,则开始主导人类的物品体系和秩序建设。

以美国拥有的巨大财富为背景，美国式的大众消费、大众文化开始向全球普及，将追求舒适的文明卷入其中。

美国将触手伸向全球的过程，也是大量生产、大量消费、功能化生活向全球扩展的过程，在这些因素的影响下，舒适便利的城市生活得以实现。

而反过来，人类对物品的依赖也愈加严重——全球环境遭到破坏，各个地区的传统文化与文明受到冲击，高科技使得掌握技术和未掌握技术的人群之间的差距扩大……

强大的物品体系让贫富差距在全球范围内进一步扩大，人类社会开始陷入一个极端不安的环境。而现代的一个重大课题，就是该如何在这样纷繁复杂的物品体系中，整理出一个全新的秩序。

# 一、汽车——福特 T 型车开创的汽车新时代

## ♯“机械马”奔跑的时代

如果要选出代表 20 世纪的物品，那么汽车应该是第一名。对于欧洲人来说，对汽车最早的认知来源于当年贵族们拥有的马车；但在以资产阶级为主的美国，汽车就相当于普通的马或有篷马车。

由福特普及的汽车原本就是参考在草原上疾驰的游牧民族的马而制造出来的“机械马”。汽车自出现后就取代了马，成为人

类历史上最高效有力的交通工具。

对于 19 世纪的人们来说，谁都无法想象这样一个场景：数亿匹机械制成的，靠着燃烧化石燃料就可以奔跑的"机械马"驰骋在大地上。而现在无论是城市的居民还是乡村的农民，使用这种"机械马"都已经是日常生活的一部分了。

汽车和蒸汽机车不同，不需要任何轨道，只要有路，就可以去往任何地方。

在美国，发达的汽车产业给人们提供了一种全新的生活方式，而汽车的大量生产、道路整修及附属产业的发展，也成为 20 世纪经济增长的巨大牵引力。

然而与此同时，大量汽车尾气的排放造成的空气污染和全球变暖，交通量激增造成的噪声、粉尘污染，以及传统城市的解体等一系列新的问题也在不断涌现。

对于自然来说，负担 70 亿人口原本已很不易，这超过 12 亿辆——而且还在不停增加的汽车，给自然造成的负担甚至超过 70 亿人口。

## ＃汽车的大众化

19世纪90年代以后,美国开始了汽车生产。出身于密歇根州的农家,怀有平等思想的亨利·福特,在1896年完成了他制造的第一辆汽车,又在1903年建立了自己的福特汽车公司,开始朝着汽车的大众化而努力。

福特的信念,就是用尽量便宜的价格来生产坚固且易于操作的汽车。让民众可以平等地获得便利的汽车,是福特的梦想。

而帮助福特实现了梦想,以实用性为本位的车型,就是福特T型车。

福特将汽车的制造过程标准化,通过让汽车在负担特殊作业的各个专用机械中移动来完成制造流程。这种标准化和流水作业带来了汽车大众化的成功。正是因为福特的成功,后来成为美国制造业最大特色的量产系统才得以固定下来。

1908年,福特T型车投入市场,得到了如潮般的好评。其低廉的价格、充满魅力的四汽缸设计、最高时速可达 72 公里的优良性能等都成为人们购买的动力，一年内就售出了 10000 台，生产速度根本赶不上订单增长速度。T 型车最初的售价仅为 850 美元，与之前福特 K 型车的 2500 美元售价相比仅为其三分之一，巨大的价格差也是其风靡一时的一个重要原因。

为了应对大量的订单，福特通过多次试验提高了生产效率，最终采用了现代通行的流水线式的生产模式。通过科学分析各个部件的组装环节，彻底改良每个操作过程，最终实现了整个生产流程的革新。

不仅是汽车的组装流水线化，各个部件也根据流程的需要通过流水线传送，从而使生产效率大大提高。原本 12 小时的汽车组装时间缩短到了 1 小时 30 分钟，价格也从 1908 年的一辆车 850 美元下降至 1927 年的一辆车 260 美元。

福特 T 型车于 1927 年停产，19 年间一共生产了 1500 万辆，开创了一个全新的汽车时代。

车间里停放的福特 T 型车。这种流水线式的生产模式改变了汽车制造业。

## ♯成长中的汽车产业

1908 年,美国通用汽车公司(General Motors Corporation,简称 GM)成立。通用公司是当时世界上最大的汽车公司,在汽车和卡车销售领域占据了全美三分之一、全球六分之一的销量。到了 1925 年,美国又成立了克莱斯勒汽车公司。

无论是通用还是克莱斯勒,每年都会推出全新的车型,与坚挺的福特 T 型车对抗。

当时恰逢美国泡沫经济时期,人们对汽车不仅开始要求性能,更要求有时髦的设计,一成不变的福特 T 型车因此渐渐被人们厌倦了。到了 1927 年,福特正式宣布 T 型车停产。

第二次世界大战期间,汽车工厂都转而生产军事用品。战后,生产迅速恢复,1978 年,美国的汽车产量达 1287 万辆。

汽车这股浪潮以非常快的速度席卷了全世界。到 2014 年年末,全球约有 12 亿辆汽车(含卡车和公交车)在道路上奔驰。而随着相应的普通公路、高速公路建设的推进,一个支撑起现代社会的多样化交通网正式诞生了。

　　随汽车的普及出现的,还有公路沿线的各种加油站、汽车零部件销售店、汽车销售店、大卖场、各式家庭餐厅,这改变了整个社会的面貌。其中高速公路和普通公路的日常维护费用,基本都来自政府的公共支出。

# 二、连锁店——大型超市的前身

## ♯ 与汽车密不可分的 20 世纪的消费生活

20 世纪 20 年代的美国,因为第一次世界大战的胜利而一举实现富裕化,汽车和各类家电在普通家庭里也被广泛使用,大众消费作为一种新的生活形态在全社会推广开来。当时的美国社会流行一句口号,叫作"只有经济的民主主义,才是真的民主主义"。在这种思潮下,大量生产和大量消费的社会模式逐渐形成。

在纽约和芝加哥等大城市中,19 世纪末在欧洲大量出现的百货商场已经很普及了。到 1929 年,美国百货商场的销售总额已经超过了 40 亿美元,占据了零售总额的 9％。

与之相对的,在汽车已经很普及的各中小城市及乡村,出现了很多由同一经营者统一设计,带有大面积停车场的零售店,即"连锁店"模式。这些零售连锁店和百货商场一起构成了所谓的"美式生活"(American way of life)。

在人口稀少的农村开设的这些零售连锁店,之所以能够创造出和在人口密集的城市开设的百货商场相同的利润,正是因为汽车的普及让更多人可以从更远的地方赶来消费,从而建立一个大规模的店铺网。

通过商品的大量购入和统一广告等手段,连锁店可以削减经费支出,从而以更低的价格进行销售。这一美国式的合理主义,得到了当时人们的广泛好评。

可以说,正是由于包括福特 T 型车在内的汽车的推广,才让这一商品流通方式变为可能。也正因为这一流通方式的迅速普及,20 世纪 20 年代被称为"连锁店时代"。

# ♯超市的诞生

连锁店的运营模式一般都有这么几个特点：多店铺展开、以总部为中心的高效率运营机制、直接从厂家采购的进货模式、人力成本低廉、广告宣传一体化、可通过开发独有产品而大幅降低成本等。

每家店都在追求低价战略，零售业获得了前所未有的巨大利润。

比如从美国纽约州乡下起步的伍尔沃斯（Woolworth，通称5&10 美分商店），所有的店铺都用红色和金色作为基本色装饰橱窗，主要销售日常生活用品。伍尔沃斯的经营获得了巨大的成功，店铺数量从 1900 年的 54 家增加到 1920 年的 1000 多家。1913 年，伍尔沃斯还直接用全款现金在纽约中心曼哈顿建起了高达 240 米的伍尔沃斯大厦。

被称为"5&10美分商店"的伍尔沃斯。这句口号也被挂在各家店铺门口。

在 20 世纪 20 年代的美国,这样的连锁企业有 800 家以上,大家都在为实现更低的销售价格而努力。降低成本、控制人力费用就成为在竞争中胜出的一个重要条件。

在这种情况下,1930 年的纽约出现了一种新型店铺。顾客们通过旋转门进入店内,眼前陈列的是一排排货架,顾客自己从货架上挑选想要的商品,然后拿到出口结算。

这种顾客自助购物的店铺,就是我们现在说的"超级市场"。

连锁店的低价格战略直接激化了它与普通零售店及产品生产方之间的矛盾。连锁店导致的"价格破坏",让很多在地方上经营多年的零售店面临倒闭。

而 1929 年开始蔓延的经济大萧条①,更是为这种冲突关系火上浇油。

结果就是,美国各地反连锁店的运动愈演愈烈,到 1933 年左右,共有 28 个州的议会提出了多达 689 条反连锁店的法案。这

---

① 经济大萧条(The Great Depression),是指 1929 年至 1933 年间源于美国,后来波及整个资本主义世界的经济危机,受影响的国家主要包括美国、英国、法国、德国和日本等。

些法案的主要内容是针对连锁店缴税的，要求按照店铺数量和销售总额制定阶梯式的课税标准。

对于在各个州都拥有店铺的连锁企业来说，这无疑使其陷入了严重的经营危机。

为了应对危机，连锁企业不得不采取一系列措施，如扩大单个店铺的规模，在开设大型店铺的同时减少店铺数量，导入顾客自助购物模式以削减人力经费，等等。

所有这些，共同推动了 20 世纪 30 年代之后超市的迅速普及。

现在全球最大的连锁企业是总部位于美国阿肯色州本顿维尔的沃尔玛公司（WalMart Inc.）。

在向消费者提供多种类的价格低廉的商品这一企业经营理念的指导下，沃尔玛靠着在仓库旁开设店铺，以及库存管理和物流系统自动化等措施获得了大量客源，将店铺推广到了全世界。

## ♯ 日本的物流革命与便利店

20 世纪 60 年代的日本进入了经济高速发展时期，在"物流革命""经济民主主义"等口号下,超市急速发展起来。1953 年,被称为日本超市魁首的纪伊国屋在东京青山地区开业,以此为契机,日本的超市开始迅速渗透人们的生活。

当时汽车和冰箱的普及,也使人们大量购买并囤积商品变为可能,实际上促进了超市的发展。

进入 20 世纪 70 年代,一种新型店铺出现。这种店铺一般规模都比较小,开设在地价便宜的生活区,顾客们以自助的方式购买一些以食品为主的生活必需品。因为这些店铺最大的特点就是"便利",所以被称作"便利店"(Convenience Store,简称 Conveni)。

便利店一般都是 24 小时营业的,销售一些比较特定的商品。而现在的便利店功能更加多样,不仅销售商品,还可以收寄快递、完成各项生活缴费等。

# 三、冰箱、冰柜——生鲜食品环游世界

## ♯ 将食品需求扩大化的冷冻船

19 世纪中期,欧洲各大城市的人口数量飞跃式增长,大量生鲜食品供给成为当时的一大难题。为解决这一难题,法国的费迪南德·卡尔发明了用金属制成,完全密闭,通过压缩系统运送冷气,可供营运使用的电冰箱。

但当时需要冷藏技术的并不只有欧洲各国国内,更大的需求产生于海上运输。当时正努力扩大海外出口的欧洲各国急需一项新的冷藏技术，以保障欧洲与新大陆之间肉类等生鲜食品的运输。

作为对这一时代要求的响应，1876 年，法国的查里斯·特里尔在一艘名为"frigorifique"号的运输船上安装了冷藏设备，这艘船装载着冷藏肉类从阿根廷返回，完成了一次部分成功的船运试验。

1878 年，人们成功地将一整船冷冻牛肉从阿根廷运到法国的勒阿弗尔港。从此之后，美国西部大牧场和阿根廷大牧场产出的牛肉终于可以运到欧洲填饱欧洲人的胃了。南北美洲的大牧场和大农场与欧洲城市连成一体，极大地丰富了欧洲人的餐桌。

但是特里尔的冷冻技术有一个很大的缺点——冷冻过程非常缓慢，导致食物的细胞受到破坏，所以解冻后的食物口味会一落千丈。

受技术的限制，冷冻食品和生鲜食品在口味方面差距很大，这一点在很大程度上限制了当时冷冻食品的普及。

## ♯ 因纽特人的智慧——冷冻

想要克服当时冷冻技术的弊端，保持冷冻食品的口感，就需要在食物细胞被破坏之前的短时间内急速冷冻。开发出这种急速冷冻技术的,是美国的克拉伦斯·伯兹埃伊。

从 1919 年开始的 3 年间,当时做皮毛生意的伯兹埃伊一直居住在距离北极点很近的格陵兰岛上,与因纽特人生活在一起。他发现,因纽特人在零下 40℃ 室外保存的驯鹿肉和鱼等肉类解冻后的味道和新鲜时并没有什么区别。

这个现象提醒了他:是不是只要急速降低温度,赶在食物细胞被破坏之前将食物冷冻,就可以保持食物的味道不变?

伯兹埃伊分别于 1923 年和 1924 年在纽约及波士顿近郊建立了鱼类冷冻公司,后又渐渐将冷冻业务扩展到水果、蔬菜等。只 1928 年一年,他的公司就制造了约 500 吨冷冻食品。

但实际上,对于当时的美国人来说,20 世纪 20 年代冰箱诞生,用冰箱冷藏食物已经司空见惯,冷冻食品却不普遍。虽然速冻技术已经出现,但并未立即改变美国人的饮食习惯。

到了 1930 年,伯兹埃伊以自己的名字为品牌名(Birds Eye),开始销售一种"用纸盒子包装的冷冻食品"。他从商品开发到冷冻机器的改良等各个阶段都亲力亲为,为冷冻食品的普及做出了极大的贡献。

但是由于当时的家庭很少食用冷冻食品,所以伯兹埃伊的生意对象基本上都是大型店铺及公司食堂之类。

## ♯造福全球的黄金冷链

第二次世界大战期间,美国制作和储存了大量的冷冻食品用作军需。战争结束后,当时储备的大量军需食品流入民间,一时在美国掀起了冷冻食品的热潮。

但是由于当时并没有相应的冷冻运输、冷冻仓库、冷冻陈列柜等配套产业链,所以冷冻食品的风潮迅速降温,冷冻食品的生产也再度回归寂寞。

在这种情况下,从 1948 年到 1958 年,美国的农业部、商务部,以及相关的科学家们、冷冻技术人员们共同努力,在食品的TTT(表示在一定温度下食品保持鲜度的数值)研究方面取得了显著进展,发现只要在华氏 0 度(零下 18 摄氏度)以下,几乎所有食物都可保证一年内不变质。

也就是说,就算收获了大量的水果、蔬菜,或是捕获了大量的鱼,宰杀了大量家畜,只要冷冻方式得当,就可以长期保存,分批销售。

这一研究成果,比之前大量的关于如何给生鲜食品防腐的研究更有现实意义。

商人们可以把各种食物先冷冻储藏起来,再根据市场价格进行销售。食物不再仅限于当季,只要想吃,人们随时都可以吃到各个季节的食物。

农业、渔业、畜牧业的产量因此激增,甚至出现过度捕捞的问题。

与冷冻食物链相关的各类物品也开始陆续登场——家用冰箱、冷冻食品厂、冷藏船、冷藏车、冷藏仓库、供商店使用的保鲜柜及冷藏展示柜等。冷冻食品的产销链条渐渐完整。

这就是以美国为中心形成的黄金冷链,实际上就是从生产现场到消费现场,整个过程都实现了低温管理的食品流通系统。

大量的冷冻食品就在这条零下 18 摄氏度的链条上日夜"流淌",人人都可以随时从链条末端的超市、便利店、家里的冰箱取出食物食用。一个全新的食品体系开始支撑我们的日常生活。

# 四、美元——引领世界经济的纸币

## ♯统治现代社会的美元

　　美国独立战争胜利之后的 1787 年,美利坚合众国宪法出台,联邦政府正式建立。当时英国、法国乃至西班牙的货币都在美国市场上流通,而之前为应对金属货币不足及筹集战争资金,由"大陆会议"发行的"大陆币"①已经成为一张废纸,美国经济一时陷入

---

　　① 1775 年 6 月,美国独立战争爆发后不久,由 13 个殖民地联合政权"大陆会议"批准发行的纸币,称为"大陆币"。

混乱。

1792 年,美国颁布铸币法案,正式确定"美元"(dollar)为新的货币单位。而"dollar"这个名称,实际上是从 16 世纪欧洲铸造的银币"thaler"①演变而来。1794 年,美国开始铸造美元银币,1795年铸造美元金币,金银币兑换比被定为 1∶15。至此,美元正式诞生。当时美国和英国一样都实行金银本位制,1900 年后,美国跟随英国的脚步将原本的金银本位制改成了黄金本位制,美元金币也就自然成为美国流通的本位通货。

第二次世界大战后,美国一跃成为经济上拥有压倒性优势的超级大国,美国的货币美元也就顺势取代了原本的英镑,变身为可以在世界各地兑换各种商品的国际货币。

美元金币在设计上颇费功夫,金币的边缘凸起可以防止表面磨损,而边缘刻有的密集纹路则是为了防止有人偷偷削减黄金。

---

① "thaler"是 1518 年在波希米亚铸造的一种银币的名称。由于这种银币产生于波希米亚的约阿欣山谷(德语为 Joachimsthal),所以被称作 joachimsthaler,缩写为 thaler。后来 thaler 又演变成德语的 daler 和荷兰语的 daalder,再演变成英语的 dollar。

这些设计都使得美元金币成为为数不多保存状态良好的金币。

## ♯ 与黄金紧密关联的美元

第一次世界大战(1914—1918 年)后,美国摇身一变成为世界上最大的债权国,取代英国掌握全球经济的主导权。

到了 20 世纪 20 年代,美国工业生产的规模扩大到一战前的两倍以上,股价不断登上新高点,呈现出空前繁荣的景象。

但 1929 年 10 月 24 日,"黑色星期四"来临,股票市场一夜崩塌,股价连日暴跌,美国陷入前所未有的大恐慌中。

这场被称为"大萧条"的蔓延全球的经济危机,在 1932 年滑入最严重的谷底。

欧洲各国为了降低本国货币价值纷纷禁止用货币兑换黄金,只有美国还努力维持着本国的黄金本位制。但到了 1934 年,美国宣布将原本的"1 盎司[①]黄金兑换 20.67 美元"改成"1 盎司黄金

---

① 盎司(ounce,缩写为 oz),重量单位,1 盎司约等于 28.350 克。

兑换 35 美元",这一方面降低了美元的价值,另一方面抬高了黄金的价值。

这一对策的结果是,大量的黄金流入美国。第二次世界大战后的美国拥有了价值 200 亿美元以上,占全球四分之三的黄金储备。

之前仅仅作为地区货币的美元,经此成为当时世界上唯一可以直接兑换黄金的货币,确立了其作为国际基准货币的地位。

第二次世界大战结束的时候,世界上仅剩美元一种可以直接兑换黄金的货币了。

## ♯ 美元的兴衰与世界经济

在第二次世界大战中的 1944 年,同盟国各主要国家在美国新罕布什尔州布雷顿森林镇召开了国际经济及金融会议,确立了以"1 盎司黄金兑换 35 美元"的美元作为实际国际通用货币的地位,世界各国的货币都按照黄金与美元的兑换比来表示价格。

第二次世界大战结束后,美国主导下的世界经济一体化迅速推进,以美元为本位,建立起了现在全球经济的基础。

然而,从 20 世纪 50 年代后期开始,美国在国际收支方面的赤字持续扩大,各国手中握有的美元越来越多,对美元的信任也开始动摇。

1958—1959 年的两年间,美国共有价值 34 亿美元的黄金从国内流出。为了防止美元进一步外流,美国颁布了法令限制国际资本交易。

为对抗美国的限令政策,英国伦敦的欧元美元交易市场迅速成长,美国的限令被淡化,美元持续流向海外。美国政府多次和各国政府交涉,要求停止用美元兑换黄金,然而成效不大。

1971 年,由于预计到美元的新一轮贬值和固定汇率制度的崩塌,世界各地的外币交易市场都出现了大量外汇投机者。同年 8 月,实在无力承受的时任美国总统尼克松宣布,正式停止美元与黄金的兑换。这一事件,史称"尼克松冲击"。

虽然在当年年底的史密森尼(Smithsonian)会议上,美国将美元的黄金兑换价值下调了 7.89％,想要启用原本的固定汇率制度,但美国的财政状况一直难以得到改善,美元发行量持续增加,要保住美元价值也就越来越难。

到了 1973 年 1 月，各个主要国家都开始推行浮动汇率制度。这也标志着美元正式从唯一的世界货币宝座上跌落。

世界经济自此从以美元为基准货币的时代，进入了各国货币价值根据经济情况每日变动的浮动汇率时代。

此后美元进入黄昏期，而其他各类国际流通的货币都有可能在失去政府信任的一瞬间变成废纸。从此，世界经济开始进入不安定的状态。

# 五、飞机——地球规模的网络

## ♯征服大气层的 20 世纪

在漫长的历史中,人类一直拥有一个强烈的梦想,就是自由地在空中飞行。

然而以鸟的身体形状为模型制造的一个又一个道具(物品)最终都宣告失败。鸟的身体极为轻盈,如果人类想要像鸟一样靠着翅膀飞上蓝天,就得有一对面积超过 32 平方米的巨型翅膀。

虽说没有谁能够做出这么一对大翅膀,但是到了 20 世纪初,人类还是成功进入了大气层。

1903 年,莱特兄弟在美国北卡罗来纳州基蒂霍克的沙地上成功进行了飞行实验。哥哥威尔伯驾驶着他们的第一架正式飞机"飞行者一号"在 59 秒的时间里飞行了约 260 米的距离。

这次没多少人到场观看,显得有点冷清的试飞,却静静地拉开了"航空时代"的幕布。以此为契机,人类开始了对蓝天的探索。

之后的两次世界大战中,飞机获得了长足的发展。有了飞机,再根据飞机的起落点建造机场,这样建造一个全球规模的网络其实并不太困难。

与需要铺设铁轨、架设铁路桥、挖掘隧道的火车,以及需要建设公路网的汽车不同,空中交通网的基础设施建设几乎不需要什么大的花费。

整个 20 世纪,飞机一直在快速进化,现在的地球已经被高速喷气式飞机网络覆盖,飞机场等配套设施也已非常完备,在没有障碍物的大气层中长距离高速移动已经成为现实。

可以说,20 世纪就是人类快速整理飞行道具和设备的时代。

## ♯第一次世界大战与"小王子"

在莱特兄弟制造出飞机的原型之后,航空业的发展可以说日新月异。

大气层这片空间存在着太多可能性,在 1914 年开始的第一次世界大战中,人们就第一次感受到了空中打击的威力。

在第一次世界大战中,军用飞机被用于侦察和投放炸弹,对战争胜负起到了非常重要的作用。为了实现军用飞机的量产,并进一步提高其性能,各国都付出了巨大的努力。一战爆发时,全世界的飞机仅有几百架,而 4 年后,全球飞机数量就达到了约 17 万架,仅德国就拥有约 48000 架飞机。其中还出现了可以以 200 公里的时速持续飞行 8 小时的轰炸机。

战争结束后,飞机渐渐转为民用。借着飞机,美洲、欧洲、非洲之间建立了长途邮政路线。广为人知的经典童话《小王子》的作者圣·埃克苏佩里就曾是一名优秀的飞行员,开通过多条空中邮政路线。

虽然每次运送不了多少人，但人们已经开始尝试用飞机运送人员。1919 年，柏林和魏玛间、巴黎和伦敦间已经有了定期往返的航班，只不过每趟航班的乘客只有两名。

1927 年，泛美航空公司(Pan American World Airways，简称 Pan Am)开设了从美国佛罗里达州到古巴的邮政航线，此后企业快速发展。到了 8 年后的 1935 年，泛美航空公司已经拥有了绕世界一周的航路网。

泛美航空公司还邀请到一位全美国人心目中的英雄作为公司顾问，这位英雄就是首位单人连续航行跨越大西洋(1927 年)的飞行员林德伯格。

## ♯高速大量运输变为现实的喷气机时代

第二次世界大战中，空军占据了凌驾于陆军与海军之上的军事地位。与此相应的，是战斗机、轰炸机等机型的量产化。

以美国的约 30 万架飞机为首，全球当时共制造了 75 万架飞机，同时雷达、喷气式发动机、火箭等也被先后发明出来，为战后航空业增添了新的色彩。

第二次世界大战之后,人类社会正式进入依靠飞机运输的时代。20 世纪 50 年代,一次能搭乘 100 人,时速达 480 公里的四涡轮螺旋桨式飞机流行起来。

世界上第一架喷气式民航客机,是 1949 年英国制造的"彗星 1 型",但由于机体强度不够,飞行过程中多次发生事故,只运营了大约两年时间就被废弃了。

1952 年,美国波音公司花费 1600 万美元巨资,将喷气式飞机的制造推上正轨。到 1958 年,泛美航空公司利用波音公司的 707 喷气式客机开通了从纽约到巴黎的定期航线。

20 世纪 60 年代后,由于涡轮发动机的改良,飞机的机体变得更大。而通过在发动机前方安装扇叶,还可以让喷气式飞机获得更大的推力。

这些进步都为大型客机的出现奠定了基础。而大型客机的出现,则代表着人类终于进入高速、批量运输的时代。

1969 年,装有四涡轮风扇引擎,时速可超 885 公里的超高速飞机波音 747 诞生。它一次可以运送 385 人到 400 人,开拓了一个全新的高速高效率时代。

不过,喷气式飞机起飞时的重量可达 400 吨,需要一条坚固的、长度达 2500 米的飞行跑道,所以大型飞机建立的这个高速高效率网络,还需要大型机场的配合才可完成。

随着喷气式飞机的网络覆盖全球,以自行车车轴为名的大型"枢纽"机场出现①。这些大型的枢纽机场,成为繁忙的国内航线和四通八达的国际航线的"起点"。

这一覆盖全球的高速飞机航运网,真正将整个人类社会一举推向了一体化。而近年廉价航空(low-cost carrier,简称 LCC)的普及,更进一步推进了人与人之间的交流。

---

① 日文中"枢纽"一词也指自行车车轴的中心。

## 图书在版编目(CIP)数据

身边的世界简史：腰带、咖啡和绵羊 / [日]宫崎
正胜著;吴小米译. —杭州：浙江大学出版社，2019.4
(2019.8 重印)
ISBN 978-7-308-18737-4

Ⅰ.①腰… Ⅱ.①宫… ②吴… Ⅲ.①世界史—通俗
读物 Ⅳ.①K109

中国版本图书馆 CIP 数据核字（2018）第 271632 号

Original Japanese title："MONO" DE YOMITOKU SEKAISHI
Copyright © 2017 Masakatsu Miyazaki
Original Japanese edition published by Daiwa Shobo Co.，Ltd.
Simplified Chinese translation rights arranged with Daiwa Shobo
Co.，Ltd.
through The English Agency (Japan) Ltd. and Eric Yang Agency，Inc.

浙江省版权局著作权合同登记图字：11-2018-415 号

**身边的世界简史：腰带、咖啡和绵羊**
[日]宫崎正胜　著;吴小米　译

| | |
|---|---|
| 策划编辑 | 张　婷 |
| 责任编辑 | 张一弛 |
| 责任校对 | 於国娟 |
| 封面设计 | VIOLET |
| 出版发行 | 浙江大学出版社 |
| | （杭州市天目山路 148 号　邮政编码 310007） |
| | （网址：http://www.zjupress.com） |
| 排　　版 | 杭州林智广告有限公司 |
| 印　　刷 | 杭州钱江彩色印务有限公司 |
| 开　　本 | 880mm×1230mm　1/32 |
| 印　　张 | 8.75 |
| 字　　数 | 127 千 |
| 版 印 次 | 2019 年 4 月第 1 版　2019 年 8 月第 2 次印刷 |
| 书　　号 | ISBN 978-7-308-18737-4 |
| 定　　价 | 45.00 元 |